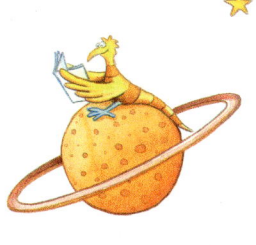

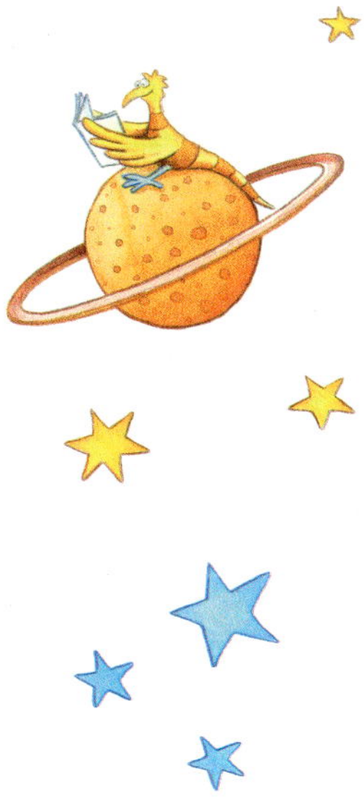

Karibu

Sprachbuch 3

Erarbeitet von
Astrid Eichmeyer, Heidrun Kunze,
Andrea Warnecke und Sabine Willmeroth

Illustriert von
Svenja Doering und Susanne Schulte

westermann

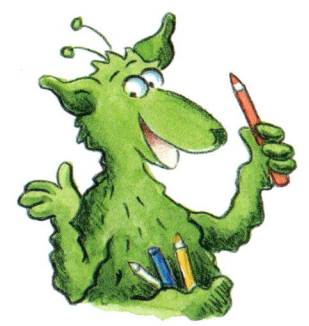

Inhaltsverzeichnis

Ich allein und wir zusammen — 4
Erzählen, Gesprächsregeln • Geschichte, Brief • Nomen, Artikel, zusammengesetzte Nomen, Satzgrenzen/-schlusszeichen, Abc • Selbstlaute, i/ie, schwierige Wörter

Wortsalat und Sprachenmix — 18
Sprachen, Mehrdeutigkeit Sprache, Lernen • Lügengeschichte • Adjektive (ig/lich), Satzglieder • Fremdwörter, Aus-/Inlautverhärtung (t/d, k/g, p/b)

Lesemops und Bücherwurm — 32
Fachbegriffe, Bücher, Lernen (Placemat), Beschreiben • Personenbeschreibung • Personalpronomen, Personalformen, Wortstamm, vorangestellte Wortbausteine, unregelmäßige Verben • Dehnungs-h, ä/äu

Familienband und Gefühlskarussell — 46
Gefühle, Verstehens-/Verständnisprobleme, Lösungen, Erzählen • Textaufbau, Geschichte • abstrakte Nomen, Nomen, Adjektive (steigern) • Doppelung, V/v

Medienspaß und Technikwunder — 60
Medien, Medienerfahrungen, Argumentieren, Interview • Fragen, Balkendiagramm • Präteritum, wörtliche Rede • ß/s, i

Abenteuerlust und Heldentat — 74
Erzählen, Märchenmerkmale, Reihum-Märchen • Nacherzählung • Satzglieder, Satzschlusszeichen, wörtliche Rede • Verben (Präteritum), ai

Dickhäuter und Plagegeister — 88
Informationen im Internet • Informationen, Vortrag • Satzglieder (Subjekt, Ort, Zeit) • Rechtschreibstrategien anwenden, Fremdwörter

Tagträume und Zeitreisen 102

Beschreiben, Bilder, Erzählen • Schreibimpulse, Überarbeiten •
Verben, Wortarten (Nomen, Artikel, Verben, Adjektive),
zusammengesetzte Nomen • Inlautverhärtung, ä/Doppelvokale

Schneemänner und Sandburgen 116

Bastelanleitung • Sprachen, Präpositionen • Gedicht, Erzählen,
Bilder, Rollenspiel • Adjektive • Gedicht (Rondell)

Methodenseiten 124
Wörterliste 135
Fachbegriffe 147
Kompetenzen/Synopse 151

Was diese Zeichen bedeuten:

👥 Ich arbeite mit einem Partnerkind.

👥 Ich arbeite in einer Gruppe.

📖 Ich schlage in der Wörterliste nach.

💻 Ich recherchiere in Büchern oder im Internet.

🔍 Ich nehme meinen Text unter die Lupe.

☁ Ich arbeite an meinem Lerntagebuch/meinem Portfolio.

S. 126 Ich kann hinten in den Methodenseiten nachschlagen.

AH Ich arbeite im Arbeitsheft weiter.

△ ich – du – wir

● Anforderungsbereich 1

■ Anforderungsbereich 2

◆ Anforderungsbereich 3

In den Fußzeilen sind die Kompetenzen/Lernschritte der jeweiligen Seite aufgelistet.

Sich vorstellen

1 Erzähle.

My name is Salma. I come from Syria. I don't speak German.

Ich heiße Salome. Schön, dass du da bist Salma!

Ich heiße Ali. Wir helfen dir, Deutsch zu lernen.

Ich heiße Ole. Du sprichst aber toll Englisch!

Hello, Salma!

2 Wie können die Kinder Salma unterstützen? Überlege mit der 5-Finger-Methode. Vergleicht.

S. 125

3 Stelle dich einem Partnerkind vor.
Sage etwas zu diesen Themen:
— Name
— Alter
— Lieblingsfach
— Hobbys

4 Stelle dein Partnerkind aus **3** in der Klasse vor.

| 4 | Sprechen und zuhören | zu anderen sprechen: erzählen, informieren; Gemeinsamkeiten und Unterschiede von Sprachen entdecken: Deutsch/Muttersprachen | > 5-Finger-Methode, S. 125 |

Gesprächsregeln einhalten

1 Erzähle.

2 Gesprächsregeln in der Klasse sind wichtig. Begründe.

3 Schreibe die Gesprächsregeln richtig auf.

Wer etwas sagen will,	gebe ich das Wort weiter.
Wer an der Reihe ist,	spricht laut und deutlich.
Wenn ich spreche,	bleibe ich beim Thema.
Wenn ich fertig bin,	meldet sich zuerst.
Wenn ein anderes Kind spricht,	…
Wenn ich etwas nicht verstehe,	…

4 Überlegt euch weitere Gesprächsregeln. Schreibt sie auf.

5 Formuliert eine Vereinbarung zu den Gesprächsregeln eurer Klasse.

Eine Geschichte planen und schreiben

1 Erzähle.

Sturmflut

Sandburg bauen!

Wer baut die tollste Burg?

Bringt Eimer und Schaufeln mit: und los geht's.

Am: 24. Juli   **Um:** 10 Uhr
Wo: Warnemünde, Ostmole

Schlüssel verloren

Sandburgenwettbewerb gewonnen

2 Schreibe Ideenblitze über deine Ferien.

3 Was hast du in den Ferien erlebt? Schreibe auf.

6 | Texte verfassen | Texte planen: gestalterische Mittel und Schreibideen sammeln (Ideenblitze); Texte schreiben: nach Anregungen (Fotos) eigene Texte planen und schreiben | > Ideenblitze, S. 128

Einen Brief schreiben

1 Lies die Texte und erzähle.

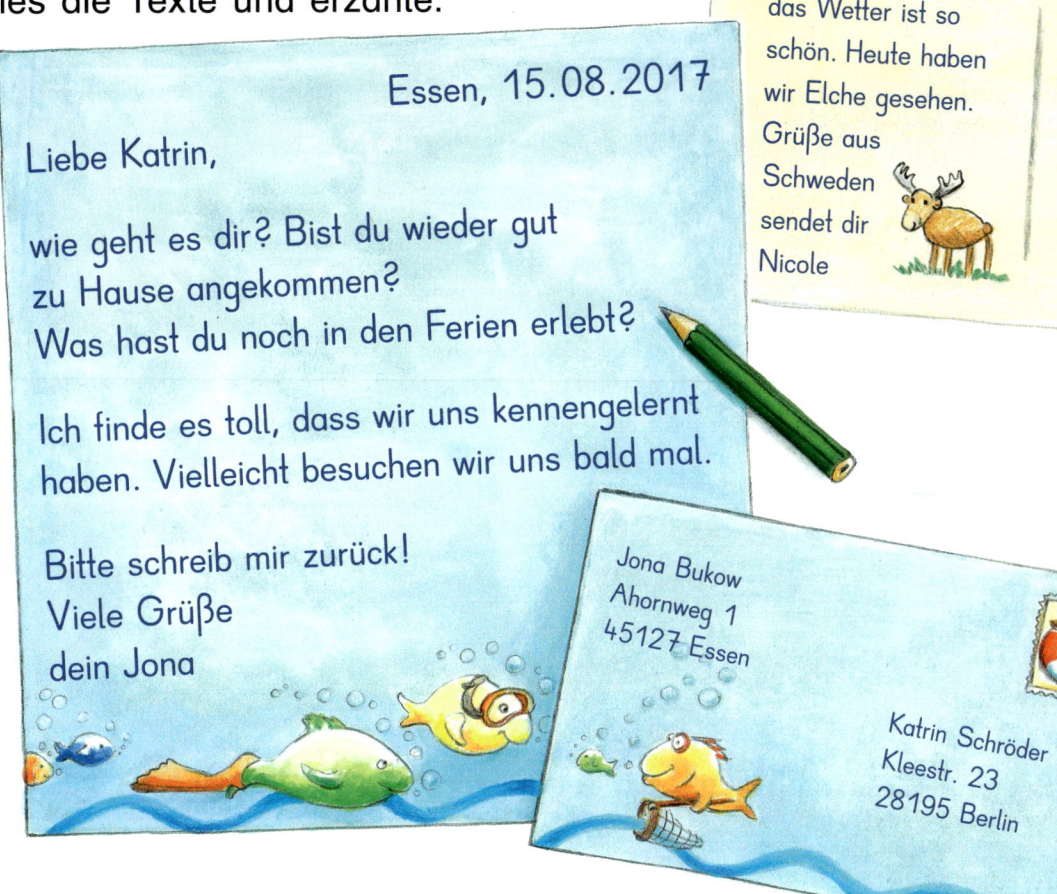

2 Diese Merkmale sind in einem Brief wichtig. Zeige sie in Jonas Brief.

1. Ort
2. Datum
3. Anrede
4. Gruß/Name

In einem Brief muss ich bestimmte Merkmale beachten.

3 Schreibe einen Brief. Beachte die Merkmale. Markiere die Merkmale in deinem Brief farbig.

4 Führt eine Leseversammlung durch.

Texte verfassen | Texte schreiben: nach Mustern schreiben (Brief), adressaten- und funktionsgerecht schreiben | > AH, S. 4
> Ideenblitze, S. 128
> Textaufbau, S. 129

Nomen (Substantive) kennen und ordnen

1 Welche Wörter sind Nomen? Begründet.

SPIELT	DAS	PFÜTZE	TANTE	KIND
HEBT	EIN	REITEST	RATTE	DIESE
STEIN	DER	PFERD	ECKIG	TIEF
VOGEL	ALT	SCHUH	SIEBT	GRAS

2 Schreibe die Nomen aus **1** mit Artikel auf.
Schreibe so: die Pfütze, …

3 Ordne die Nomen aus **2** den Kategorien zu.
Markiere sie farbig in deinem Heft.

Menschen   Tiere   Pflanzen   Dinge

„Nomen kann ich haben und anfassen."

4 Vergleiche mit einem Partner.

5 Schreibe die Nomen aus **2** in der Mehrzahl auf.
Schreibe so: die Pfützen, …

6 Lies den Text. Schreibe alle Nomen mit Artikel auf.
Schreibe so: die Schwester, …

> Meine Schwester geht gerne auf den Bauernhof.
> Dort besucht sie ihr Lieblingspferd. Sie gibt dem Tier
> Heu und Wasser. Heute füttert sie auch den Hund.

Wörter für Menschen, Tiere, Pflanzen und Dinge
heißen **Nomen** (Substantive). Nomen schreibe ich groß.
Viele Nomen gibt es in **Einzahl** (Singular) und **Mehrzahl** (Plural).
der Stift – die Stifte

Bestimmte und unbestimmte Artikel (Begleiter) unterscheiden

1 Erzähle.

2 Ordnet die beiden Sätze den Sprechblasen zu.

Satz 1: Tim hat irgendein Schreibheft in der Klasse gefunden.
Satz 2: Niko hat ein bestimmtes Schreibheft in der Klasse gefunden.

Es gibt bestimmte und unbestimmte Artikel:
der, die, das sind **bestimmte Artikel**,
ein, eine sind **unbestimmte Artikel**.

3 Schreibe die Nomen mit bestimmtem und unbestimmtem Artikel auf.

4 Setze die Artikel ein: die   die   das   ein   eine   eine .

In der Klasse 3b gibt es ▮ neue Mitschülerin.
▮ Mädchen heißt Salma. Sie hat ▮ lange Reise hinter sich.
▮ Familie kommt aus Syrien. Salma hat jetzt ▮ neues Zuhause in Deutschland. ▮ Klasse 3b hilft ihr, Deutsch zu lernen.

5 Vergleicht eure Lösungen.

Zusammengesetzte Nomen (Substantive) bilden

1 Schreibe nur die zusammengesetzten Nomen auf.
Schreibe so: die Brotdose, …

| Brotdose | Baumkrone | Tafel | Brieffreund | Hof | Postkarte |
| Spiegelei | Marmelade | Haus | Nudelsalat | Tür | Briefpapier |

2 Bilde zusammengesetzte Nomen.
Schreibe so: der Regen + der Schirm = der Regenschirm, …

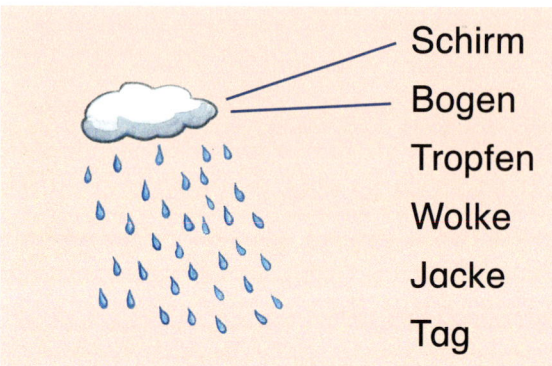

Schirm
Bogen
Tropfen
Wolke
Jacke
Tag

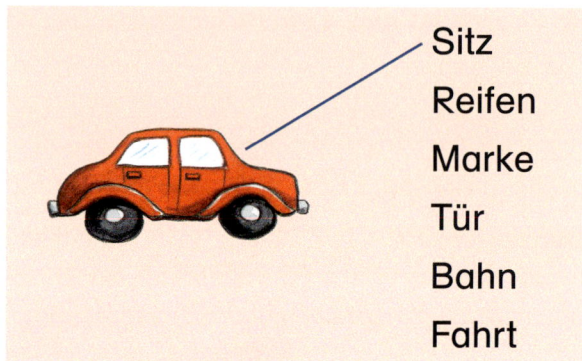

Sitz
Reifen
Marke
Tür
Bahn
Fahrt

Aus mehreren Nomen (Substantiven) kann man
zusammengesetzte Nomen (Substantive) bilden.

3 Welche Nomen stecken in diesen zusammengesetzten Nomen?
Schreibe so: der Spielplatz = das Spiel + der Platz, …

| Spielplatz | Mülltonne | Nachtgespenst | Fenstergriff | Vogelei |
| Feuerleiter | Stuhlbein | Radiosprecher | Fototapete | Haustür |

4 Markiere in den Wörtern aus **3** die Artikel vor den Nomen.
Markiere so: der Spielplatz = das Spiel + der Platz, …

5 Was fällt euch auf?

6 Bilde aus drei Nomen zusammengesetzte Nomen.
Schreibe sie mit Artikel auf.

Satzgrenzen erkennen und Satzschlusszeichen setzen

1 Schreibe die Sätze richtig auf.
Markiere die Satzanfänge und Satzzeichen.

Nila geht gleich nach Hause wo gehst du hin ich möchte bitte mit dir kommen	Ali und Momo spielen mit dem Ball wir wollen Verstecken spielen wer fängt an
was gibt es heute zu essen ich decke den Tisch Ole holt eine Flasche Wasser in der Küche duftet es gut	heute regnet es ich möchte malen ein Bild mit Blumen ist schon fertig willst du es haben ich schenke es dir

Am Ende eines Satzes steht ein **Satzzeichen**.
Jeder Satz beginnt mit einem großen Anfangsbuchstaben.
<u>D</u>as ist mein Bruder<u>.</u> <u>W</u>o ist deine Schwester<u>?</u>

2 Schreibe die Sätze richtig ab. Setze passende Satzzeichen.
Achte auf die Nomen.

HEUTE SCHEINT DIE SONNE DIE BLUMEN
BRAUCHEN WASSER MAMA HOLT DEN
GARTENSCHLAUCH WER DREHT DAS
WASSER AUF MAMA SPRITZT LARA UND INA
GANZ NASS PAPA LACHT LAUT

3 Schreibe eine Satzschlange in Großbuchstaben. Tausche.

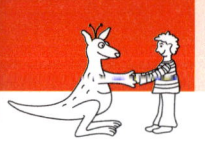

Abc (Alphabet) kennen

1 Schreibe das Abc in Großbuchstaben und in Kleinbuchstaben auf.

2 Markiere alle Selbstlaute gelb und alle Mitlaute rot.

3 Welche Buchstaben fehlen? Schreibe sie auf.
Schreibe so: J K L, …

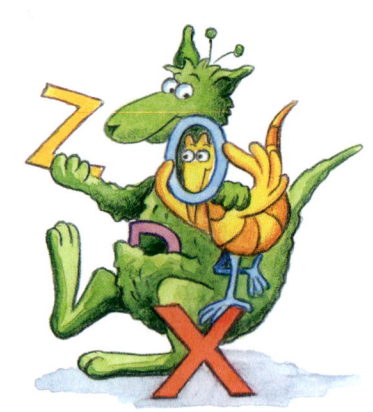

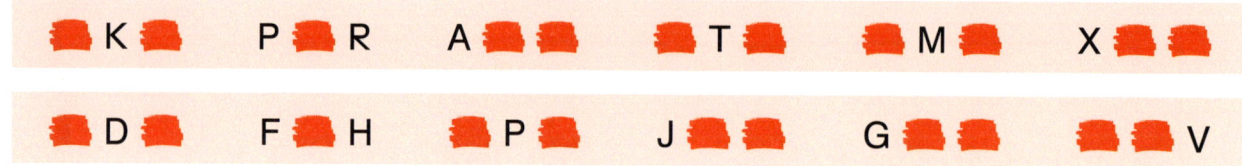

■ K ■	P ■ R	A ■ ■	■ T ■	■ M ■	X ■ ■
■ D ■	F ■ H	■ P ■	J ■ ■	G ■ ■	■ ■ V

4 Löse das Abc-Rätsel. Schreibe den Lösungssatz auf.

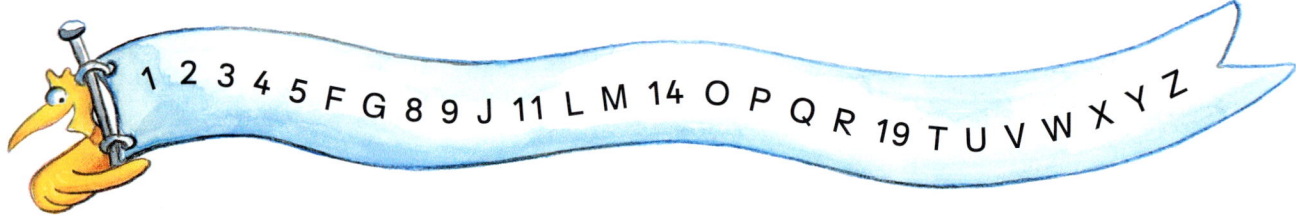

1 2 3 4 5 F G 8 9 J 11 L M 14 O P Q R 19 T U V W X Y Z

Lösungssatz: 9 3 8 11 5 14 14 5 4 1 19 1 2 3 .

5 Schreibe eigene Abc-Rätsel.

6 Sortiere diese Wörter nach dem Abc.
Schreibe sie geordnet auf.

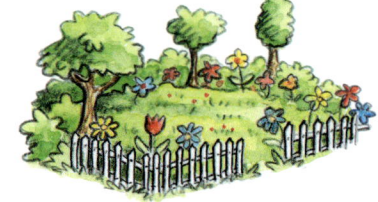

Nuss	Traube	Nase	Tier	Onkel	Garten
Hund	Rosine	Hand	Oma	Wolf	Angel

Das **Abc** hat 26 Buchstaben. Es heißt auch **Alphabet**.
A/a, E/e, I/i, O/o, U/u sind **Selbstlaute** (Vokale).
Die anderen Buchstaben sind **Mitlaute** (Konsonanten).

AE
iOU

sprachliche Begriffe/Strukturen kennen und anwenden: Alphabet kennen; an Wörtern arbeiten: Wörter nach dem Abc ordnen, mit Geheimschriften arbeiten

> AH, S. 7

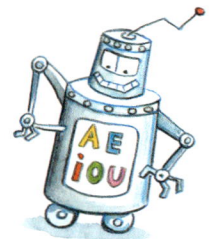

Selbstlaute (Vokale) kennen

1 Schwinge die Wörter. Schreibe so: Schulbusse, …

> Jede Silbe hat einen Selbstlaut.

| Schulbusse | Regenpause | Klettergerüst |
| Klassenregeln | Freundebuch | Silbenspiele |

2 Setze die Selbstlaute ein. Schreibe die Wörter auf. Markiere die Selbstlaute.

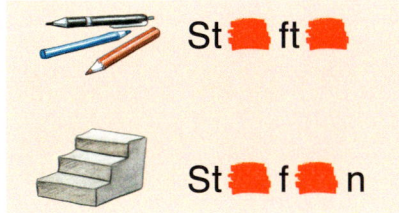 St■ft■   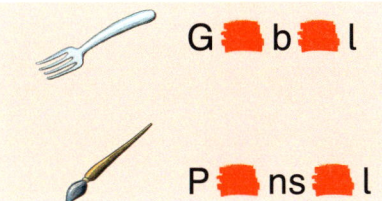 G■b■l   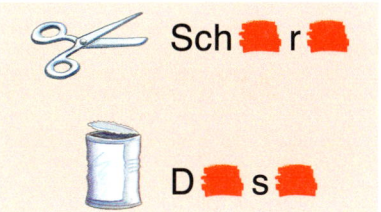 Sch■r■

St■f■n   P■ns■l   D■s■

3 Setze die Umlaute **ä**, **ö** und **ü** richtig ein. Schreibe die Wörter auf.

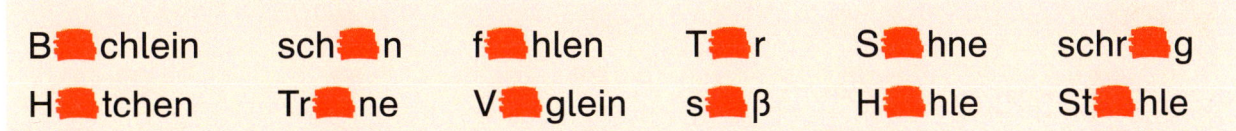

B■chlein   sch■n   f■hlen   T■r   S■hne   schr■g
H■tchen   Tr■ne   V■glein   s■ß   H■hle   St■hle

4 Setze die Zwielaute ein: ai au Ei äu ei eu . Schreibe die Wörter auf.

 ■mer    M■s    B■me

M■s   B■le   L■ter

Ä/ä, Ö/ö und **Ü/ü** sind **Umlaute**.
Ai/ai, Au/au, Äu/äu, Ei/ei, Eu/eu sind **Zwielaute**.

Wörter mit ie und i mitsprechen

1 Lies die Wörter. Achte auf die erste Silbe. Was fällt dir auf?

Kiste   Briefe

Hilfe   sieben

Stifte fliegen

> Steht am Ende der Silbe ein Selbstlaut, ist die Silbe offen. Der Selbstlaut wird lang gesprochen.

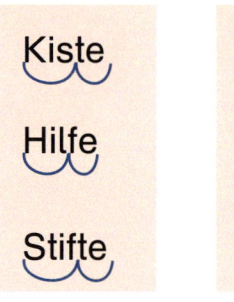

> Steht am Ende der Silbe ein Mitlaut, ist die Silbe geschlossen. Der Selbstlaut davor wird kurz gesprochen.

Höre ich am Ende der Silbe ein **i**, schreibe ich meistens **ie**. siegen – singen

2 **ie** oder **i**? Sprich die Wörter in Silben und schreibe sie auf. Überprüfe mit Silbenbögen: riechen, …

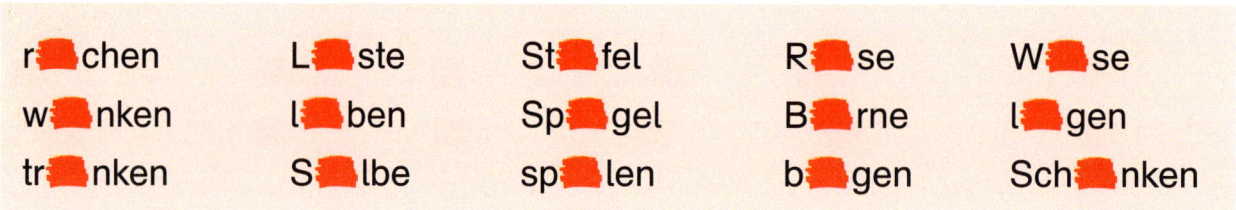

r_chen   L_ste   St_fel   R_se   W_se
w_nken   l_ben   Sp_gel   B_rne   l_gen
tr_nken   S_lbe   sp_len   b_gen   Sch_nken

3 Untersuche die erste Silbe der Wörter aus **2**. Schreibe sie in eine Tabelle:

1. Silbe offen	1. Silbe geschlossen
riechen	Liste

4 Finde weitere Wörter für die Tabelle in **3**. Ergänze.

5 Schreibe die Wörter mit Artikel auf. Überprüfe mit Silbenbögen. Schreibe so: die Biene, …

Schwierige Wörter mitsprechen

1 Schreibe die Wörter ab.
Markiere die schwierige Mitsprechstelle grün.

Sei schlau, sprich genau!

| warten | stehen | merken | Fernseher | Truhe | Garten |

2 ß oder s? Sprich die Wörter deutlich.
Schreibe sie mit Artikel auf.
Überprüfe mit Silbenbögen. Schreibe so: die Spieße, …

 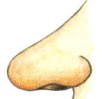  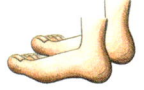  

3 sp oder st? Sprich die Wörter deutlich.
Schreibe sie auf.

Aufgepasst, ich schreibe anders als ich spreche.

▇ringen	▇ehen	▇ielen	▇olpern
▇ricken	▇reicheln	▇aren	▇ellen
▇rechen	▇echen	▇arren	▇ucken

4 K/k oder Qu/qu? Sprich die Wörter deutlich. Schreibe sie auf.

| ▇alle | ▇aken | ▇uchen | ▇elle | ▇eks | ▇atze |
| ▇ark | ▇ieken | ▇lettern | ▇lein | ▇alm | ▇atsch |

5 Schreibe die Reimwörter ab. Setze Silbenbögen.
Markiere die schwierige Mitsprechstelle grün.

Ratte	Tatze	Schiffe	Mutter	Schnecke
M▇	Gl▇	Gr▇	B▇	H▇
Pl▇	Fr▇	R▇	K▇	Z▇
W▇	K▇	Pf▇	F▇	D▇

Richtig schreiben — rechtschreibwichtige Wörter kennen: Wörter mit h, r, ß, ck, tz, st, sp, Qu/qu und mit Doppelkonsonanten schreiben; Rechtschreibstrategien anwenden: Mitsprechen — > AH, S. 9

Das kann ich jetzt

1 Schreibe Gesprächsregeln auf.

2 Schreibe einen Brief oder eine Postkarte.

3 Finde zu den Oberbegriffen Nomen. Schreibe sie mit Artikel auf.

Menschen   Tiere   Pflanzen   Dinge

4 Finde zusammengesetzte Nomen, die aus zwei Nomen bestehen. Schreibe sie auf.

5 Schreibe das Abc rückwärts auf.

6 Schreibe Wörter mit den Umlauten auf: ä ö ü .

7 Schreibe alle Zwielaute auf.

8 Schreibe Wörter mit **Sp/sp** und **St/st** auf.

9 Schreibe Wörter mit **tz** und **ck** auf.

10 Schreibe Wörter mit **Qu/qu** auf.

11 Finde den Fehler in jedem Satz. Schreibe den Satz richtig auf.

> Warum schmerzen deine Füse so?
> Ich möchte süsen Saft.
> Oma sendet Grüse.
> Ich esse Gemüse-Spiese.
> Ich gehe über die Strase.

Lerntagebuch/Portfolio   S. 127
Am Ende des Kapitels schreibe ich in ein Lerntagebuch.
Dort schreibe ich alles über mich und mein Lernen auf.

Das mache ich gerne.   Das muss ich noch üben.
Das habe ich gelernt.   Das nehme ich mir vor.
Das kann ich jetzt.   Daran will ich weiterarbeiten.
Ich denke mir eigene Aufgaben aus.

Sternenforscher-Ecke

1 Momo und Ali führen ein Rechtschreibgespräch.
   Erzähle.

2 Schreibe die Wörter auf Kärtchen.
   Markiere die schwierigen Mitsprechstellen grün.

   ziehen   warten   Straße

   Quelle   spucken   Katze

Genaues Mitsprechen, das kennen wir schon.

Wenn ich genau in Silben spreche, höre ich auch schwierige Stellen.

3 Führt ein Rechtschreibgespräch.

S. 133

Rechtschreibgespräch   S. 133
1. Ich lese das Wort meinem Partnerkind vor.
2. Wir sprechen über Aufpass-Stellen und erklären sie.
3. Wir wechseln uns ab.

4 Schreibe die Wörter aus **2** als
   • Abschreibwörter   • Schleichdiktat   • Partnerdiktat.

S. 134

Sprachen vergleichen

1 Lies die Liedtexte.
Tauscht euch in einer Murmelrunde aus.

S. 126

Mein Hut, der hat drei Ecken

 Deutsch

Mein Hut, der hat drei Ecken,
drei Ecken hat mein Hut.
Und hätt er nicht drei Ecken,
dann wär er nicht mein Hut.

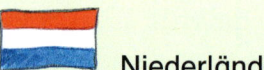 Niederländisch

Mijn hoed, die heeft drie hoeken,
drie hoeken heeft mijn hoed.
En had hij niet drie hoeken,
dan wars het niet mijn hoed.

 Englisch

My hat, it has three corners,
three corners has my hat.
And had it not three corners,
it would not be my hat.

 Schwedisch

Min hatt, den har tre kanter,
tre kanter har min hatt.
Och har den ej tre kanter,
så är den ej min hatt.

2 Findet für die markierten Wörter die niederländischen, englischen und schwedischen Wörter heraus.

3 Schreibe die Wörter in eine Tabelle.
Ordne richtig zu. Schreibe so:

Mein	Mien	My	Min
Hut			

Manche Wörter sind sich in verschiedenen Sprachen ähnlich.

4 Vergleicht die Wörter. Was fällt euch auf?
Sprecht über Gemeinsamkeiten und Unterschiede.

Mehrdeutigkeit von Sprachen kennen

1 Erzähle.

„Mama, wo ist mein Schlüssel?"

„Hast du Tomaten auf den Augen?"

2 Was meint Timos Mutter? Erklärt.

3 Lies die Sätze. Ordne zu. Erkläre.

Mach doch nicht aus einer Mücke einen Elefanten!

Schreib dir das hinter die Ohren!

Du hast wohl Bohnen in den Ohren!

Merk dir das!

Du hörst wohl schlecht!

Übertreib nicht so stark!

4 Erzähle.

„Midd de Henna ens Neschd ond middam Goggl widdr naus."

„Das ist ein Dialekt (Mundart). So spricht man in Schwaben."

5 Was meint Timos Mutter in ❹? Erklärt.

„Das bedeutet: Mama geht früh schlafen und steht früh wieder auf."

„In Köln sagen wir: Met d'r Hühnern en dat Bett un met däm Hahn widder rus."

6 Kennst du noch andere Dialekte? Erzähle.

Mit Sprache experimentieren

1 Lest mit verteilten Rollen.

Vater: Stell dir vor, eben im Supermarkt war eine riesige Schlange vor der Kasse.

Mutter: O mein Gott! Das ist ja lebensgefährlich. Hat jemand einen Tierfänger gerufen?

Vater: Wie bitte? Nein, ich habe mich hinten angestellt!

2 Warum ist die Mutter so erschrocken? Erklärt.

3 Wie heißt das Teekesselchen? Lies die Sprechblasen.

Manche Wörter haben mehrere Bedeutungen. Damit kann man Teekesselchen spielen.

Mein Teekesselchen steht oft draußen.

Auf meinem Teekesselchen kann man sich ausruhen.

Mein Teekesselchen steht in jedem Park.

Mein Teekesselchen gibt es in jeder Stadt.

In mein Teekesselchen kannst du hineingehen.

In meinem Teekesselchen kann man Geld abheben.

Das Teekesselchen ist eine …

4 Arbeitet zu dritt. Sucht euch ein Teekesselchen aus. Beschreibt euer Teekesselchen und schreibt es auf.

| Pony | Boxer | Hahn | Schloss | Strauß | Tor | … |

5 Präsentiert euer Teekesselchen.

Über Lernen sprechen (Gruppenarbeit)

1 Erzähle. Was fällt dir auf?

2 Sammele Regeln für die Gruppenarbeit.

3 Gestaltet ein Plakat mit euren Regeln für die Gruppenarbeit.

S. 124

4 Wie war eure Gruppenarbeit von S. 20? Berichtet.

5 Was nimmst du dir für die nächste Gruppenarbeit vor?

Sprechen und zuhören | über Lernen sprechen: über Lernerfahrungen sprechen (Gruppenarbeit); Arbeitstechniken nutzen: Übungsformen (Gruppenarbeit) nutzen | > Gruppenarbeit, S. 124

Eine Lügengeschichte planen und schreiben

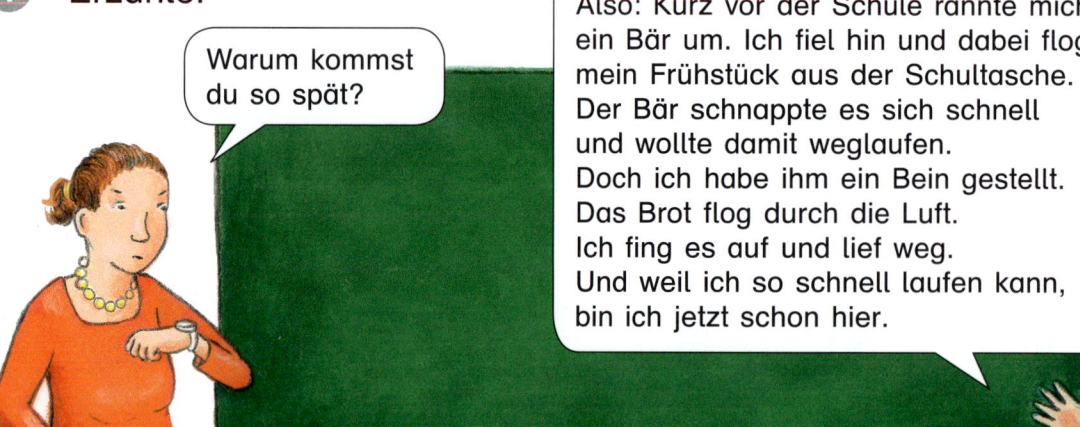

1 Erzähle.

Warum kommst du so spät?

Also: Kurz vor der Schule rannte mich ein Bär um. Ich fiel hin und dabei flog mein Frühstück aus der Schultasche. Der Bär schnappte es sich schnell und wollte damit weglaufen. Doch ich habe ihm ein Bein gestellt. Das Brot flog durch die Luft. Ich fing es auf und lief weg. Und weil ich so schnell laufen kann, bin ich jetzt schon hier.

2 Welches Problem hat der Junge? Erklärt.

3 Die Lehrerin glaubt dem Jungen nicht. Erklärt.

Das ist eine Lügengeschichte: Sie ist übertrieben und unlogisch. So etwas kann gar nicht passiert sein!

4 Plant eine Lügengeschichte. Entscheidet euch für eine Schreibidee. Sammelt Ideenblitze.

S. 128

keine Hausaufgaben gemacht

wieder zu spät zur Schule gekommen

Zimmer nicht aufgeräumt   …

Schreibplan
Schreibidee:
Ideenblitze:
Anfangssatz:
Was nun?
Was nun?
Was nun?
Ende:
Überschrift:

5 Plane deine Lügengeschichte und schreibe einen Schreibplan.

S. 128

6 Schreibe deine Lügengeschichte in der ich-Form.

Texte verfassen

Texte planen: Schreibideen sammeln (Ideenblitze), mit dem Schreibplan arbeiten; Texte schreiben: nach Anregungen eigene Texte (Lügengeschichte) schreiben

> Ideenblitze, S. 128
> Schreibplan, S. 128

Eine Lügengeschichte überarbeiten S

1 Lies Ankes Lügengeschichte.
Was fällt dir auf?

In der Nacht kamen Feen aus meiner Tapete und mit mir spielen. Sie ließen mich nicht weg. Erst morgens sie müde und wieder in der Tapete.
Zuerst musste ich Zimmer aufräumen.
Deshalb komme ich zu spät in die Schule.

2 Ole, Tim und Sina nehmen Ankes Lügengeschichte unter die Lupe. Erzähle.

S. 130

Namen der Textforscher	Das finde ich gut.	Dazu habe ich Fragen. Hier fällt mir etwas auf.	Tipps ...
Ole	Die Geschichte ist witzig.		
Tim	Anke hat in der ich-Form geschrieben.	Einige Sätze sind S nicht vollständig.	Überprüfe jeden Satz durch lautes Lesen.
Sina	Anke hat verschiedene Satzanfänge benutzt.		

Textlupe S: vollständige Sätze.

3 Überarbeitet Ankes Lügengeschichte.

4 Nehmt eure Lügengeschichte von Seite 22 unter die Lupe.

S. 130

Adjektive kennen

1 Lies die Sätze und betrachte das Bild. Was fällt dir auf?

Das Kind hält das Seil.

Die Frau trägt die Brille.

Der Ball fliegt durch die Luft.

2 Schreibe die Sätze mit den passenden Adjektiven auf.

3 Lies die Sätze. Was fällt dir auf?

Das Seil ist **lang**.
Die Bäume sind **groß**.

Sie findet das **lange** Seil.
Er mag die **großen** Bäume.

4 Schreibe die Sätze aus **3** auf. Markiere die Adjektive und Nomen.

Adjektive beschreiben Nomen genauer.
Sie verändern sich, wenn sie vor Nomen stehen.
lang – das lange Seil, groß – die großen Bäume

5 Schreibe den Text ab. Setze ein passendes Adjektiv ein.

| süß | groß | englisch | fremd | türkisch | kalt |

Nila spielt auf dem ▇ Spielplatz. Sie hört viele ▇ Sprachen.
Sam spricht die ▇ Sprache. Mehmet spricht die ▇ Sprache.
Zwei Kinder essen ▇ Schokolade. Nila schleckt ▇ Eis.

Adjektive mit ig und lich kennenlernen

1 Ordne zu. Schreibe die Wörter, die zusammengehören, auf.

> Der Wortstamm ist der Teil eines Wortes, der meistens gleich bleibt.

freundlich	schmutzig	grünlich	das Glück
der Freund	das Herz	herzlich	der Witz
der Durst	das Grün	durstig	witzig
der Schmutz	der Speck	glücklich	speckig

2 Markiere den Wortstamm in den Wörtern aus **1**. Was bleibt übrig?

> Wörter sind aus **Wortbausteinen** zusammengesetzt.
> Manche **Adjektive** haben die **Endung** ig oder lich.
> das Glück – glücklich, der Schmutz – schmutzig

3 ig oder lich? Schlage nach.
Schreibe so: leserlich S. 140, ...

> Heißt es lustlich oder lustig?

| leser | wicht | heft | art | bill |
| gemüt | fleiß | fröh | ehr | ruh |

4 Schreibe zu jedem Nomen das passende Adjektiv.
Schreibe so: die Schuld – schuldig, ...

die Schuld	der Mut	der Dreck	die Angst	die Kraft
der Sport	der Biss	der Wind	der Punkt	die Langeweile
der Ärger	das Kind	der Herbst	die Ecke	die Sonne

5 Schreibe mit Adjektiven aus **3** oder **4** Sätze.

6 Finde je 5 Adjektive mit den Endungen ig oder lich.

Sprache untersuchen — sprachliche Begriffe/Strukturen kennen und anwenden: Adjektive mit -ig und -lich kennen; an Wörtern arbeiten: Möglichkeiten der Wortbildung kennen (Wortbausteine) — > AH, S. 14

Sätze umstellen

1 Erzähle.

2 Schreibe die Wörter auf Karten.
Bilde einen Satz.

| Salma | in | eine | neue | Deutschland | lernt | Sprache |

3 Lies die Sätze der anderen Kinder.

4 Schreibe die verschiedenen Möglichkeiten auf.
Vergleicht. Was fällt euch auf?

Einige Wörter bleiben in Sätzen immer zusammen.

5 Bilde Sätze. Stelle sie mehrmals um.
Markiere, was zusammenbleibt.

| Sarah | singt | morgens | laute | Lieder |

| Ali | spricht | zwei | verschiedene | Sprachen |

| Sam | spielt | in | der | Pause | manchmal | Verstecken |

6 Welche Wortart steht bei den Fragesätzen am Anfang?

Fremdwörter merken

1 Erzähle.

Was ist eine Jeans?

Eine Jeans ist eine Hose aus Baumwollstoff.

2 Lies und ordne zu.

das Genie	Schwimmbecken
der Computer	Mensch mit sehr guter Begabung
das Chaos	Hose aus Baumwollstoff
die Jeans	völliges Durcheinander
der Pool	elektronische Datenverarbeitungsmaschine

3 Vergleicht.

4 Warum heißen diese Wörter *Fremdwörter*? Erkläre.

Wenn der zweite Buchstabe gleich ist, schaue ich mir den nächsten Buchstaben an und so weiter.

5 Sortiere die Wörter aus **2** nach dem Abc. Schreibe sie auf. Kontrolliere mit der Wörterliste.

6 Sortiere auch diese Wörter nach dem Abc. Schreibe sie auf. Kontrolliere mit der Wörterliste.

| Sheriff | Shorts | Shirt | Shake | Shampoo | Show | Shop |

7 Schreibe Erklärungen zu den Wörtern aus **6** auf.

8 Übe die Merkwörter dieser Seite.

S. 134

Richtig schreiben — rechtschriftliche Kenntnisse anwenden: Fremdwörter schreiben; Rechtschreibhilfen verwenden: mit der Wörterliste arbeiten; Rechtschreibstrategien anwenden: Merken

> AH, S. 16
> Merkwörter üben, S. 134

Wörter mit Aus- und Inlautverhärtung weiterschwingen

1 Erzähle.

Sari = Wickelklei___, lan___

Schreibe ich lang oder lank?

Schwinge weiter: lange, also **g**.

2 Bilde die Mehrzahl der Nomen. Schreibe so: Strand – Strände, …

| Strand | Wald | Brand | Stab | Zug | Burg | Korb |

3 Schwinge die Adjektive weiter.
Schreibe so: der gelbe Stein – gelb, …

gel^p_b frem^t_d run^t_d wil^t_d lie^p_b blin^t_d

4 Schwinge die Verben weiter. Bilde die wir-Form.
Schreibe so: wir leben – er lebt, …

er le^p_bt   er pfle^k_gt   er we^p_bt   er den^k_gt

er hu^p_bt   er win^k_gt   er ü^p_bt   er le^k_gt

er he^p_bt   er kle^p_bt   er fe^k_gt   er har^k_gt

Wenn ich bestimmte Laute höre (**t/d, k/g, p/b**),
muss ich **weiterschwingen**.

Meistens hilft mir ein Wort mit zwei Silben.

Wörter mit Aus- und Inlautverhärtung weiterschwingen

1 Zerlege die zusammengesetzten Nomen. Schwinge weiter.
Schreibe so: schreiben + Heft = Schreibheft, …

| Schrei^p_b heft | Bun^t_d stift | Han^t_d schrift | Flu^k_g platz |
| Lan^t_d karte | Urlau^p_b sreise | Frem^t_d wort | Kle^p_b stoff |

2 Die Kinder haben Fragen zum Indien-Projekt aufgeschrieben.
Was fällt dir auf?

Wie we~~p~~^b t man Teppiche?

Wie lange fliekt ein Flugzeuk nach Indien?

Sind Elefanten Wilttiere?

Wie weit ist der Wek zur Schule?

Gipt es einen Fußballplatz?

Werden Tiger gejakt?

3 Überprüft die unterstrichenen Wörter aus ②.
Schreibe sie richtig auf.

4 Finde den Fehler in jedem Satz.
Schreibe die Sätze richtig auf.

Ali üpt das Kopfrechnen.

Nila schreipt die Hausaufgaben auf.

Mehmet zeikt Sam seine Steinsammlung.

Die Lehrerin hept einen Anspitzer auf.

Paul frakt Lara nach dem Wörterbuch.

Das kann ich jetzt

1 Erkläre die Bedeutung eines der Teekesselchen. Schreibe auf.

Kerze   Birne   Mühle

2 Überarbeite den Anfang dieser Lügengeschichte.

> Miro wacht auf und auf die Uhr. Miro erschrickt. Verschlafen! Schnell springt aus dem Bett und schleicht ins Badezimmer. Auf der Badewanne ein grüner Frosch. Der grüne hüpft ihm auf die Schulter und flüstert in Ohr …

3 Schreibe 5 Adjektive mit ig und lich auf.

4 Schreibe mit den Adjektiven aus 3 Sätze.

5 Stelle den Satz um. Markiere, was zusammenbleibt.

> Zwei   gute   Freunde   gehen   heute   Nachmittag   in   das   Kino.

6 Schlage nach und schreibe auf.

7 Finde in jedem Satz den Fehler. Schreibe richtig auf.

> Max frakt: „Warum bist du zu spät gekommen?"
> Farima antwortet: „Ich war noch im Tirgehege.
> Dort lept eine Bärenfamilie, die habe ich besucht."

1. Warum muss es Regeln für die Gruppenarbeit geben?

2. Woran erkennst du Adjektive?

3. Was ist ein Dialekt?

Sternenforscher-Ecke

4. Sara, Wasili und Macey führen ein Rechtschreibgespräch. Erzähle.

Aufpass-Stelle: Die**b** – ich sehe **b** und spreche **p**.

Manche Schreibweisen müssen wir uns merken.

Schwinge weiter: Die**b**e, also Die**b** mit **b**.

Der Baustein ig hat übrigens nie ein **k**.

5. Schreibe die Wörter auf Kärtchen. Markiere die Aufpass-Stellen orange oder rot.

| Theater | Korb | Jeans | wild | jagt | übt | traurig |

6. Führt ein Rechtschreibgespräch.

S. 133

7. Übt die Merkwörter dieser Seite.

Merkwörter üben   S. 134
Ich schreibe Merkwörter mehrfach.
So kann ich sie mir besser merken.

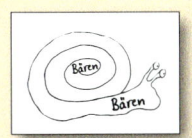
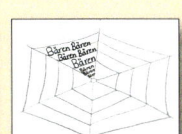

8. Schreibe die Wörter aus 5 als
   • Abschreibwörter   • Schleichdiktat   • Partnerdiktat.

S. 134

Fachbegriffe kennen und erklären

1 Erzähle.

Autor
Autorin
Titel
Cover*
Titelbild
Klappentext
Verlag
Illustratorin
Illustrator

(*Cover – sprich: kawa)

2 Erklärt die Fachbegriffe aus ①.

3 Lies den Text und ergänze einige der Fachbegriffe aus ①.

> Die ▨ hat die Geschichte von Madita geschrieben.
> Auf dem ▨ steht der ▨ des Buches.
> Hier zeigt das ▨ die wichtigste Figur aus dem Buch.
> Der ▨ auf der Rückseite beschreibt kurz den Inhalt
> des Buches. Der ▨ hat das Buch hergestellt.
> Im Buch steht der Name der ▨. Sie hat die Bilder gezeichnet.

4 Lies den Klappentext aus ①.
Könnte dir das Buch gefallen? Begründe.

5 Wie wählst du ein Buch aus? Berichte.

- Ich wähle Bücher mit vielen Bildern aus.
- Ich informiere mich in der Bücherei.
- Ich frage jemanden, was er mir empfiehlt.
- Ich lese Klappentexte.

Über Bücher sprechen

1 Erzähle.

2 Lies die Buchbeschreibungen.

A Wie ging man zur Toilette? Wie kleidete man sich damals? Wo leben Ritter eigentlich? Mit diesem Buch können Kinder ihr Sachwissen über das Leben im Mittelalter erweitern.

B In dem Buch erleben Anne und Philipp spannende Abenteuer. Diesmal bringt sie das magische Baumhaus nach Ägypten. Dort werden sie im Tal der Könige von Schakalen angegriffen. Können sie entkommen?

C Mitten im Wald, zwischen Räubern, Graugnomen und Wilddruden, wächst Ronja als Tochter des Räuberhauptmanns Mattis auf. Eines Tages trifft sie Birk, den Räubersohn aus der verfeindeten Räubersippe von Borka.

D Dieser Junge ist für etwas Großes bestimmt und will unbedingt berühmt werden. Aber er weiß nicht wie, denn noch muss er sein Talent doch wirklich in der Schule vergeuden: mit all den stressigen Lehrern, nervigen Eltern und der Streberschwester. Doch das soll sich bald ändern …

3 Welche Bücher passen zu den Kindern aus **1**? Begründe.

4 Welche Bücher könntest du den Kindern noch empfehlen?

Über Lernen sprechen (Placemat*)

1 Lies die Texte und ordne zu.

Die Klasse 3a will demnächst im Unterricht eine Lektüre lesen. Mithilfe der Placemat-Methode sammeln die Kinder in der Gruppe Vorschläge, welche Art von Buch sie gerne lesen würden.

Nachdem jedes Gruppenmitglied in seinem Feld etwas geschrieben hat, stehen alle auf und lesen die Vorschläge der anderen aus der Gruppe.

Jedes Gruppenmitglied überlegt für sich und schreibt in das Feld, das vor ihm liegt, seine zwei Vorschläge. Jamal notiert in seinem Feld Krimi und Abenteuergeschichten.

Die Kinder besprechen die Vorschläge und stellen fest, welche Buch-Kategorie am häufigsten genannt wurde. Sie notieren diese als gemeinsames Ergebnis ihrer Gruppenarbeit im mittleren Feld.

(*Placemat– sprich: pläjsmett)

2 Erkläre die Placemat-Methode.

3 Welche Figuren aus Kinderbüchern kennt ihr?
Sammelt mithilfe der Placemat-Methode.
Präsentiert eure Sammlung.

S. 125

4 Beurteilt eure gemeinsame Arbeit.
Was nimmst du dir für das nächste Mal vor?

Mit einem Placemat kann ich z. B. sammeln.

34 Sprechen und zuhören · Wörter sammeln: Placemat nutzen; über Lernen sprechen: über Lernerfahrungen, über Lösungswege (Placemat als Methode für Gruppenarbeit) sprechen · > Placemat, S. 125

Eine Person mündlich beschreiben

1 Lies die Merkmale in dem Wörterkasten und beschreibe das Bild.

Haare	Beine	Stupsnase	T-Shirt	Hose
Zöpfe	Name	Mädchen	Alter	Mund
Füße	Kleid	Strümpfe	Hände	Augen
Strumpfhalter		Schuhe		Sommersprossen

2 Lies den Steckbrief und erzähle.

Steckbrief

Name: Pippi Langstrumpf
Geschlecht/Alter: Mädchen, etwa 9 Jahre
Gesicht:
Nase: Stupsnase
Mund:
Augen:
Haare:
Körper:
Beine:
Kleidung:
Oberkörper: Trägerkleid
Unterkörper: Shorts
Schuhe:
Besondere Merkmale: stark, hilfsbereit, lustig …

Für eine Personenbeschreibung benötigst du genaue Angaben zu ihrem Aussehen.

3 Ergänze die Angaben in **2**.
Benutze treffende Adjektive.

4 Beschreibe Pippi mithilfe des Steckbriefes.

S. 129

5 Schreibe einen Steckbrief zu einem Kind aus deiner Klasse.
Präsentiere deinen Steckbrief.

S. 131

Sprechen und zuhören | zu anderen sprechen: beschreiben, sprachliche Mittel gezielt verwenden (Wortschatz: treffende Adjektive); Gespräche führen: Gesprächsregeln beachten | > Textaufbau, S. 129
> Präsentieren, S. 131

Eine Person schriftlich beschreiben

1 Beschreibe.

Bosse   Ole   Lasse   Lisa   Inga   Britta

2 Lies die Personenbeschreibung.
Welches Kind aus ❶ ist gemeint?

> Meine Person ist weiblich und ungefähr 9 Jahre alt.
> Sie ist schlank und ihre lockigen, rotblonden Haare reichen ihr bis über die Schultern.
> Unter ihrer kleinen Stupsnase erkennt man einen breiten Mund mit großen weißen Zähnen.
> Das Mädchen trägt ein kurzärmeliges blau-weißes Kleid.
> Ihre Füße stecken in braunen Schuhen, die bis über die Knöchel reichen.
> Die grauen Kniestrümpfe schlagen Falten.

Beschreibe genau. Beschreibe von oben nach unten.

3 Was ist wichtig für eine Personenbeschreibung? Begründe.

S. 129 **4** Beschreibe ein anderes Kind aus Bullerbü. Beachte das Textmuster.

36   Texte verfassen | Texte planen: Schreibsituation klären; Texte schreiben: nach Anregungen (Text) eigene Texte (Personenbeschreibung) planen und schreiben | > Textaufbau, S. 129

Eine Personenbeschreibung überarbeiten T W

1 Lies Antons Personenbeschreibung. Was fällt dir auf?

> **Karlsson vom Dach**
>
> Karlsson ist ein Mann im mittleren Alter. Karlsson ist klein, dick und hat schwarze, strubbelige Haare. In seinem runden und rotbäckigen Gesicht ist eine knubbelige Nase. Karlsson hat kleine Augen unter schmalen Augenbrauen. Karlsson hat ein rot-weißes Hemd an. Außerdem hat Karlsson eine blaue Latzhose an. Darunter schauen rot-weiße Socken hervor. Karlsson hat braune Schnürschuhe an. Karlsson hat einen kleinen Propeller auf seinem Rücken. Mit dem Propeller kann Karlsson fliegen.

Textlupe T: Textsorte beachtet?
Textlupe W: Wiederholungen?

2 Die Klasse 3b nimmt Antons Text unter die Lupe. Erzähle.

Das finde ich gut.	Hier fällt mir etwas auf.	Tipps ...
Du hast die Person von oben nach unten beschrieben.	Du hast sehr viele Wörter wiederholt.	Stelle deine Sätze um, so kannst du Wiederholungen vermeiden.

3 Nehmt Antons Personenbeschreibung auch unter die Lupe.

die Person
er
der Mann

trägt   befindet sich
sieht man   sieht aus
bedeckt   schaut hervor
stecken   erkennt man
ist bekleidet mit

4 Überarbeite den Text aus **1**.

5 Nimm deine eigene Personenbeschreibung unter die Lupe. Überarbeite sie mit den Textlupen T und W .

Texte verfassen | Texte überarbeiten: Texte (fremde und eigene) an der Schreibaufgabe überprüfen; Arbeitstechniken nutzen: Texte auf ihre Richtigkeit überprüfen (Textlupen) | > AH, S. 20
> Textlupe, S. 130

Personalpronomen kennenlernen

1 Carla schreibt etwas über Michel aus Lönneberga.
Lies ihren Text.

Michel wohnt in dem Dorf Lönneberga.
Michel lebt dort auf dem Hof Katthult.
Michel hat eine kleine Schwester.
Michel liebt seine blaue Mütze.
Michel schläft auch mit seiner Mütze.
Michel macht gerne Unfug.

> Zuhause habe ich eine CD-ROM mit Michel aus Lönneberga als Hörspiel.

2 Was fällt euch auf?

> Nomen kannst du durch **Pronomen** ersetzen.

Das alles sind **Pronomen**:
ich – du – er/sie/es (**Einzahl**),
wir – ihr – sie (**Mehrzahl**).
Klein-Ida spielt mit Michel.   – **Sie** spielt mit Michel.
Michel ist fünf Jahre alt.   – **Er** ist fünf Jahre alt.

er   sie

3 Lies und setze ein: ich   du   er   sie   es   wir   ihr   sie .

Auf Katthult wohnen ein Knecht und eine Magd.
▍ heißen Alfred und Lina. Lina erzählt den Svenssons:
„▍ seid wie eine Familie für mich. ▍ alle leben hier zusammen."
Nur über Michel sagt sie: „▍ macht nur Unfug." Papa Anton
ruft dann oft: „Michel, ▍ gehst jetzt in den Schuppen!"
Michel antwortet: „Gut, dann schnitze ▍
eben ein Holzmännchen. ▍ kommt
in meine Sammlung." Klein-Ida findet Michel toll.
▍ meint: „Michel ist ein lustiges Kind."

38   Sprache untersuchen   sprachliche Strukturen kennen und anwenden: Personalpronomen nutzen; an Texten arbeiten: die Textproduktion durch Anwenden sprachlicher Operationen unterstützen   > AH, S. 21

Personalformen von Verben bilden

1 Schreibe die Sätze ab.
Setze die fehlenden Endungen ein.
Schreibe so: Ich suche ein Bilderbuch. …

Ich such___ ein Bilderbuch.
Du such___ das Wörterbuch im Ranzen.
Er such___ einen lustigen Comic.
Sie such___ ein neues Buch für den Urlaub.
Es such___ ein Buch in der Bücherei.
Wir such___ einen Platz für die Gruppenarbeit.
Ihr such___ im Internet Informationen zu der Autorin.
Sie such___ im Buch nach dem Klappentext.

e
en
t
st
t
t
en
t

2 Was fällt euch auf?

Einzahl oder Mehrzahl: *sie* oder *sie*.

3 Markiere in jedem Satz aus **1** das Pronomen und die Endung des Verbes.

Einzahl
1. ich
2. du
3. er/sie/es

Mehrzahl
1. wir
2. ihr
3. sie

Verben können in der **Grundform** oder in einer **Personalform** stehen.
Die Personalform richtet sich danach, *wer* etwas tut.

Grundform: singen

Personalformen: ich singe, du singst, er/sie/es singt,
wir singen, ihr singt, sie singen

4 Schreibe die Verben in allen Personalformen auf.
Schreibe so: ich renne
du …

rennen · stehen · schreiben · spielen · denken

Sprache untersuchen | sprachliche Begriffe/Strukturen kennen und anwenden: Personalformen des Verbs (regelmäßig) kennen | > AH, S. 21

Wortbausteine von Verben bestimmen

1 Ordne zu. Schreibe die Grundform mit den Personalformen auf. Markiere jeweils den Wortstamm. Schreibe so: sing|en, du sing|st, …

singen	sie grüßt	du tanzt	es liebt	sie singen	lieben
grüßen	ihr singt	ich grüße	er singt	du singst	ihr liebt
tanzen	ich liebe	er tanzt	ihr grüßt	sie tanzen	ich tanze

2 Schreibe die Sätze ab. Setze die Verben in die richtige Personalform. Markiere den Wortstamm.

Die Krumpflinge *(hausen)* im Keller einer alten Villa.
In der Krumpfburg *(geben)* es gemütliche Höhlen.
Aber Egon Krumpfling *(leben)* in einer Gießkanne.
Oma Krumpfling *(schimpfen)* oft mit Egon.
Eines Tages *(passieren)* etwas Schlimmes …

3 Bilde mit den vorangestellten Wortbausteinen aus | vor | ein | ab | weg möglichst viele neue Verben.

laufen   geben   rechnen   fallen   stellen   ziehen

4 Schreibe die Sätze ab. Unterstreiche die beiden Teile des Verbs. Schreibe das Verb in der Grundform dazu. Schreibe so:
Krumpflinge <u>saugen</u> Schimpfwörter <u>ab</u>. — absaugen, …

Krumpflinge saugen Schimpfwörter ab.
Zwurz und Zara Krumpfling lachen Egon aus.
Dusselkurt Krumpfling bringt den Müll weg.
Egon zieht bei Familie Artich ein.
Nun freunden sich Egon und Albi Artich an.

Manche vorangestellten Wortbausteine stehen im Satz getrennt von ihrem Verb.

5 Bilde mit deinen Verben aus **3** Sätze.

Unregelmäßige Verben kennenlernen

1 Welche drei Verben gehören zusammen? Schreibe sie geordnet auf.

er liest	geben	er tritt	ihr seht	du empfiehlst
sie sieht	lesen	es gibt	treten	sie lesen
empfehlen	sehen	ihr gebt	du trittst	ich empfehle

2 Was fällt euch auf?

> **Unregelmäßige Verben** verändern in einigen Personalformen den **Wortstamm**.
> geben: ich gebe, du gibst, er/sie/es gibt, wir geben, ihr gebt, sie geben
>
> In regelmäßigen Verben bleibt der Wortstamm immer gleich.
> sagen: ich sage, du sagst, er/sie/es sagt, wir sagen, ihr sagt, sie sagen

3 Welche Verben sind unregelmäßig? Schreibe sie in der er-Form auf. Überprüfe mit der Wörterliste.

malen	helfen	spielen	sprechen
ziehen	fragen	klettern	messen
loben	drehen	lernen	laufen

> Wenn du nicht weißt, wie eine Personalform gebildet und geschrieben wird, schlage in der Wörterliste oder im Wörterbuch nach.

4 Schreibe die Sätze ab.
Setze die Verben in die richtige Personalform.

> Momo *(dürfen)* ein Buch aus der Bücherei ausleihen.
> Die Lehrerin *(empfehlen)* ihr ein Buch von Kirsten Boie.
> Momo *(nehmen)* das Buch und *(lesen)* den Klappentext.
> Anschließend *(sehen)* sie sich noch die Bilder an.
> Zufrieden *(verlassen)* Momo die Bücherei.
> Zuhause *(zeigen)* sie Mama ihr neues Buch.

Wörter mit Dehnungs-h merken

1 Erzähle.

- Muss ich mir beide Wörter merken?
- Das muss ich mir nicht merken: seht – sehen.
- Aber bei fehlt kann ich das **h** nicht hörbar machen.

2 Schreibe die Sätze ab und setze die Wörter richtig ein.

| ihn | ihr | ihre | ihr | ihnen | ihrer | ihren |

Oma hat Besuch. ▨ Enkelkinder Moritz und Hanne sind gekommen.
Moritz richtet ▨ Grüße von Mama aus. Oma drückt ▨ ganz fest.
Hanne hat ▨ Oma etwas gebastelt. Oma gibt ▨ einen Kuss.
Oma hat ▨ heute ▨ Lieblingskuchen gebacken.

3 Setze **ah**, **eh**, **oh** oder **uh** ein. Schreibe die Wörter geordnet auf. Markiere die Aufpass-Stelle. Schreibe so: Fe**h**ler, …

| F▨ler | St▨l | Str▨l | S▨n | F▨ne | M▨l |
| K▨le | z▨n | R▨men | R▨r | L▨rer | H▨n |

4 Hier sind drei Wortfamilien durcheinander geraten.
Schreibe sie geordnet auf und markiere den Wortstamm.

Ehrung	wählen	ehrbar	Zahl	wählerisch
Vorwahl	ehrlich	Zahlenstrahl	zählen	Ehrenwort
aufzählen	ehren	verwählen	Wahl	bezahlen

5 Was fällt dir auf?

Der Wortstamm hilft beim Merken.

6 Übe die Merkwörter dieser Seite.

S. 134

Richtig schreiben — rechtschriftliche Kenntnisse anwenden: Wörter mit Dehnungs-h schreiben; Rechtschreibstrategien anwenden: Merken; an Wörtern arbeiten: Wortfamilien kennen

> AH, S. 24
> Merkwörter üben, S. 134

Wörter mit ä und äu ableiten

1 Erzähle.

> Schreibt man scheumen oder schäumen? Mir fällt kein verwandtes Verb mit au ein.

> Also schreibst du schäumen mit äu.

> Mir fallen aber andere verwandte Wörter ein: der Schaum, schaumig.

2 Suche die verwandten Verben mit **a** oder **au**.

| Wäscherei | Gebäude | Verkäuferin | Päckchen | Bäckerei |

3 Suche verwandte Wörter mit **a** oder **au**. Markiere die Aufpass-Stelle.
Schreibe so: hängen — der Hang, ...

| hängen | wählen | nähen | räuchern | dämpfen | wegräumen |
| säubern | läuten | glänzen | kämpfen | einzäunen | verändern |

4 Setze **E/e** oder **ä**, **eu** oder **äu** ein.

Tafiti ist ein kleines, n▢gieriges Erdm▢nnchen.
Mit seinem Bruder Tutu l▢bt er unter der ▢rde.
Abends erz▢hlt Opapa ihnen G▢schichten.
Eines Tages macht sich Tafiti auf eine Reise
ans ▢nde der W▢lt. Er sucht sich einen W▢g
unter B▢men und Str▢chern. Dann l▢ft er weiter
und hofft, dass der gef▢hrliche Adler Mister Gogo schl▢ft.
Auf seiner Reise findet Tafiti viele n▢e Fr▢nde.

5 Vergleicht und begründet die Schreibweisen in **4**.

Richtig schreiben — rechtschriftliche Kenntnisse anwenden: Wörter mit ä und äu schreiben, verwandte Wörter finden; Rechtschreibstrategien anwenden: Ableiten — > AH, S. 25

Das kann ich jetzt

1 Beschreibe eine Person.

---

2 Wähle zwei Verben aus. Schreibe sie in allen Personalformen auf.

| schreiben | rechnen | gehen | finden | tauchen |

3 Schreibe die Sätze ab. Unterstreiche die beiden Teile des Verbes.
Schreibe die Verben in der Grundform auf.

> Oma Krumpfling schimpft Egon ständig aus.
> Die Krumpflinge hören die Stimmen durch das Rohr ab.
> Die Krumpflinge toben in allen Kellerräumen herum.

4 Schreibe die Verben in der du-Form und der er-Form auf.
Markiere die unregelmäßigen Verben.

| nehmen | essen | sagen | gehen | heben | werfen | sehen |

---

5 Schreibe nur die Wörter mit Dehnungs-h ab.

> Rasenmäher   dreht   fühlbar   Fehler   Bahnschranke
> Ruhesessel   Zahl   Lehrerin   Stuhl   Schraubenzieher

6 Schreibe Wortfamilien und markiere den Wortstamm.

7 Finde in jedem Satz den Fehler. Schreibe den Satz richtig auf.

> In der Beckerei bekommt Jan ein weiches Brötchen.
> Der Seugling im Kinderwagen schreit laut.
> Er will auch eine Helfte des Brötchens haben.

① Was ist ein Oberbegriff?

② Was ist ein unregelmäßiges Verb?

③ Warum schreibt man **Mäuschen** mit **äu**?

Sternenforscher-Ecke

④ Lies den Text.

Die Krumpflinge wohnen im Keller einer alten Villa.
Egon zieht nach oben zu den Artichs.
Er will alles durcheinanderbringen.
Die Familie soll oft streiten und schimpfen.
Es klappt aber nicht so schnell,
wie es sich die Krumpflinge vorher erträumt hatten.

> Mitsprechen, ableiten, weiterschwingen, merken.

⑤ Schreibe die markierten Wörter auf Kärtchen.
Markiere die Aufpass-Stellen.

⑥ Führt ein Rechtschreibgespräch.

⑦ Finde weitere Aufpass-Stellen im Text in ④.

⑧ Gestalte die Merkwörter dieser Seite.

Merkwörter gestalten S. 134
Ich schreibe meine schwierigen Merkwörter auf.
Ich benutze verschiedene Farben und Formen.

Hai
Hai

⑨ Schreibe die Sätze aus ④ als
• Abschreibtext   • Schleichdiktat   • Partnerdiktat.

S. 133

S. 134

Das kann ich jetzt/
Sternenforscher-Ecke

Rechtschreibstrategien anwenden: Mitsprechen,
Weiterschwingen, Ableiten, Merken; über Lernen
sprechen: über Lernerfahrungen reflektieren

> Methoden, S. 127/133/134
> AH, S. 26 (Sternenforscher)
> AH, S. 27 (Das kann ich jetzt)

45

Über Gefühle sprechen

1 Erzähle.

Karten sammeln finde ich blöd.

Genau diese Karte fehlt mir noch.

Sieht die Karte toll aus!

Du hast aber eine tolle Karte.

2 Was **sagen** die Kinder? Was **denken** die Kinder?
Erklärt und begründet eure Meinung.

3 Was würden die Kinder sagen, wenn sie ehrlich wären? Erkläre.

4 Plant ein Rollenspiel zu **3**. Spielt es vor.

5 Lies den Text. Erzähle.

> Felix hat Geburtstag. Sein bester Freund Marc
> überreicht ihm ein Päckchen. Ungeduldig sagt Marc:
> „Nun los, pack schon aus! Es ist etwas ganz Tolles!"
> Felix reißt das Papier ab und denkt enttäuscht:
> *O nein! Ein Buch. Das soll toll sein?* Aber er sagt
> mit lauter Stimme: „Mensch, toll Marc! Das habe ich
> mir schon lange gewünscht! Vielen Dank!"

6 Stell dir vor, Felix hätte die Wahrheit gesagt.
Spielt die Geschichte mit und ohne Lüge.

7 Stellt euch vor, wir würden immer die Wahrheit sagen.
Überlegt euch Situationen und spielt sie vor.

Über Verstehens- und Verständnisprobleme sprechen

1 Erzähle.

Ihr seid so gemein. Nie lasst ihr mich mitspielen!

Hau ab!

Ich bin so traurig, weil ich alleine bin. Lasst ihr mich bitte mitspielen?

2 Spielt die beiden Szenen nach.

3 Wie fühlen sich die Kinder in ❶? Diskutiert.

4 Lies den Text.

> Ich erkläre meine Meinung, ohne den anderen zu beschimpfen. Ich sage, wie ich mich fühle und drücke meine Gefühle so aus, dass sie den anderen nicht verletzen. Ich rede mit Ich-Botschaften, z. B. „Ich bin sauer." oder „Ich fühle mich traurig, weil …". Ich sage nicht „Du hast mich wütend gemacht." Wenn ich Ich-Botschaften benutze, fällt es dem anderen leichter, mir zuzuhören.

5 Erklärt den Unterschied zwischen einer Ich-Botschaft und einer Du-Botschaft.

6 Formuliert diese Sätze als Ich-Botschaften.

Du hilfst mir nie!
Du leihst mir nie deinen Anspitzer!
Du Nervensäge, sei endlich leise!

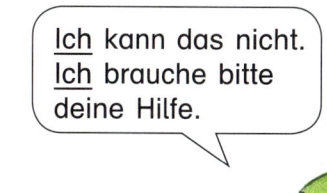

Ich kann das nicht. Ich brauche bitte deine Hilfe.

Sprechen und zuhören — Gespräche führen: über Verstehens- und Verständigungsprobleme sprechen; zu anderen sprechen: gemeinsam Anliegen und Konflikte diskutieren; szenisch spielen

Über Lösungen sprechen

1 Wie fühlen sich die Kinder? Erzähle.

Nie wieder leihe ich dir etwas!

...

2 Wie fühlst du dich, wenn du dich streitest?

3 Was könnte Tom in **1** zu Felix sagen? Nutze die 5-Finger-Methode.

S. 125

Bei einem Brief kann ich als Schreiber länger nachdenken.

4 Vergleicht. Einigt euch auf eine Antwort und plant ein Rollenspiel.

5 Spielt eure Lösung vor.

6 Schreibe einen Entschuldigungsbrief.

7 Was ist der Unterschied zwischen einer mündlichen Entschuldigung und einem Entschuldigungsbrief? Vergleicht.

8 Überlegt euch auch für diese Situation eine Lösung. Spielt sie vor.

48   Sprechen und zuhören   zu anderen sprechen: gemeinsam nach Lösungen suchen; Gespräche führen: eigene Gefühle beschreiben; szenisch spielen: Perspektiven einnehmen   > 5-Finger-Methode, S. 125

Mithilfe des roten Fadens erzählen

1 Lies die Karten. Erzähle.

> Heute ist **Putztag**. Marie hasst diesen Tag. Sie soll das Bad putzen, Tim soll staubsaugen. **Marie** hat **keine Lust**, sie möchte **lieber** ins **Kino**. Schlecht gelaunt macht sie sich an die Arbeit. **Tim** fängt **fröhlich** pfeifend an. A

> Er **saugt gerade** den Flur, als plötzlich das **Telefon klingelt**. Nach einem kurzen Gespräch ruft Tim Papa zu: „Ich muss weg. Jo und ich müssen noch ein **Referat vorbereiten**!" „Meinetwegen", antwortet **Papa**, „**Schule geht vor**." B

> Marie hat nun noch mehr Arbeit. Nach einer Stunde ist sie endlich fertig. Marie geht zum Kino. Plötzlich sieht sie Tim und Jo. Beide essen Eis und haben gute Laune. C

> Stinksauer geht sie zu ihnen und fragt: „Na, ist das Referat schon fertig?" Tim wird rot. Er stottert verlegen: „Ich, … ich …, es tut mir leid …, verrate mich bitte nicht!" D

2 Schreibe die fettgedruckten Stichwörter aus A und B auf Karten.
Schreibe so: | Putztag | Marie keine Lust | … |

3 Finde die Stichwörter in C und D. Schreibe sie auf Karten.

4 Lege die Stichwortkarten in der richtigen Reihenfolge auf einen roten Faden.

5 Erzähle die Geschichte mithilfe des roten Fadens nach.

6 Gebt euch Rückmeldung.

7 Wo helft ihr im Haushalt? Schreibt auf.

> Eine gute Geschichte hat einen roten Faden. Er zeigt den Leserinnen und Lesern, was nacheinander passiert.

S. 126

Sprechen und zuhören | zu anderen sprechen: erzählen; Arbeitstechniken nutzen: methodisch sinnvoll abschreiben (Stichwortkarten); an Texten arbeiten: Wörter ordnen (roter Faden) | > Rückmeldung geben, S. 126

Textaufbau beachten

1 Lies die Texte. Vergleiche.

> Gestern ging ich mit meinem Freund auf den Spielplatz. Zuerst spielten wir mit unseren Murmeln. Als uns das zu langweilig wurde, spielten wir Schatzsucher in den Büschen. Hinter einem sehr großen Busch fanden wir eine Geldbörse. Sie war ganz nass und dreckig. Erst wollten wir sie gar nicht anfassen, aber dann wurden wir doch neugierig. ... **A**

> Ich ging mit meinem Freund auf den Spielplatz. Murmeln sind langweilig. Hinter einem sehr großen Busch war eine Geldbörse. Wir spielten Schatzsucher in den Büschen. Sie war ganz nass und dreckig. Wir hatten mit Murmeln gespielt. Wir wurden neugierig und wollten sie gar nicht anfassen. ... **B**

2 In welcher Geschichte könnt ihr besser den roten Faden entdecken? Begründet.

Der rote Faden hilft dir auch, eine Geschichte zu schreiben.

3 Sammelt Ideen.
Wie könnte die Geschichte weitergehen?

- Mutter
- Finderlohn
- Angst
- öffnen
- ...

4 Entscheide dich für eine Idee.
Schreibe eine Fortsetzung zu der Geschichte in **A**.
Beachte den roten Faden.

5 Führt eine Leseversammlung durch.

Eine Geschichte überarbeiten

1 Lest den Geschichtenanfang von Melanie.

> Wir haben eine Schatzkiste gefunden.
> Aber ˇklemmt. (sie)
>
> Auf einmal springt der Deckel auf.
>
> Ein Werkzeug. Alex schlägt mit einem großen Stein gegen das Schloss. Wir suchen einen Stein.
>
> Aufgeregt versuchen wir, die Kiste zu öffnen.
>
> Es ist kalter Morgen. Wir sind aufgeregt.

2 Was fällt euch auf?

3 Überarbeitet Melanies Geschichtenanfang.

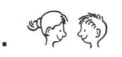

> Denke an die Überschrift und an den roten Faden. Alle Sätze müssen vollständig sein.

4 Plane eine eigene Geschichte.
Du kannst diese Stichwörter nutzen.

Schreibplan
Schreibidee:
Ideenblitze:
Anfangssatz:
Was nun?
Was nun?
Was nun?
Ende:
Überschrift:

Jakob   Hund

Kaninchen   Loch

wühlt   rennt   …

5 Schreibe deine Geschichte. Beachte den roten Faden.

6 Nehmt deine Geschichte unter die Lupe.

Texte verfassen | Texte überarbeiten/schreiben: Texte auf Verständlichkeit überprüfen, nach Anregungen schreiben; Arbeitstechniken nutzen: Texte auf ihre Richtigkeit überprüfen (Textlupen) | > AH, S. 28
> Schreibplan, S. 128
> Textlupe, S. 130

Abstrakte Nomen (Substantive) kennenlernen

1 Lies den Text.

> Mit viel Wut im Bauch läuft Mina ins Haus.
> Sie knallt die Tür laut zu und stampft auf.
> „So eine Gemeinheit!", schreit sie voller Zorn.
> „Hallo Mina!", ruft Papa. „Welche Überraschung,
> du bist schon zu Hause. Nanu! Hast du etwa
> schlechte Laune? Was ist denn los?
> Hast du in der Schule Ärger gehabt?"
> Mina jammert: „Ich habe keine Lust mehr,
> mit Laura zu spielen. Nie ist meine Idee gut!"

2 Suche die Nomen aus dem Text heraus. Ordne sie zu.
Schreibe so: Menschen: …   Dinge: …   Gefühle/Gedanken: …

Wörter für Menschen, Tiere, Pflanzen, Dinge, Gedanken
und Gefühle heißen **Nomen** (Substantive).
Wut, Hunger, Laune sind Nomen für Gedanken und Gefühle.
Nomen werden großgeschrieben.

3 Bilde mit diesen Nomen Sätze.

Angst	Luft	Frieden	Albtraum
Durst	Spaß	Hunger	Langeweile
Glück	Mut	Freude	Kopfschmerzen

> Diese Nomen kann ich nicht anfassen. Es sind Gefühle und Gedanken, die ich haben kann.

4 Suche weitere Nomen für Gefühle und Gedanken.

Nomen (Substantive) aus Adjektiven bilden

1 Jeder findet etwas wichtig. Erzähle.

> Es muss sauber sein. Sauberkeit ist wichtig.

> Ich möchte frei sein. Freiheit ist wichtig.

> Mein Freund soll ehrlich sein. Ehrlichkeit ist wichtig.

2 Was fällt euch auf?

3 Schreibe die Adjektive aus **1** mit ihren Nomen auf.
Markiere die Wortbausteine am Ende der Nomen.
Schreibe so: sauber — die Sauber|keit|, …

4 Bilde Nomen mit |heit| oder |keit|.
Schreibe sie mit Artikel auf.

| unsicher | krank | dankbar | sicher | ehrlich | müde |
| schwierig | dumm | fröhlich | dunkel | schnell | klein |

5 Schreibe diese Nomen auf.
Finde die Wortbausteine am Wortende und markiere sie.

Einladung   Überraschung   Rechnung   Enttäuschung

6 Aus welcher Wortart werden die Nomen in **5** gebildet?

> Wörter mit den **Wortbausteinen** |heit|, |keit| und |ung| sind **Nomen**. Sie werden großgeschrieben.

7 Finde weitere Nomen mit |heit| |keit| |ung|.

Mit Adjektiven vergleichen

1 Keanu, Jonathan und Mikael vergleichen sich. Erzähle.

Keanu ist schnell.
Jonathan ist schneller.
Mikael ist am schnellsten.

> Wenn sich das Adjektiv verändert, wird der Wortstamm meist gleich oder ähnlich geschrieben.

2 Schreibe wie in **1**.

klein    stark    jung

Mit den meisten **Adjektiven** kann man vergleichen.
Sie verändern sich in der 1. und 2. Vergleichsstufe.

schnell	schneller	am schnellsten
warm	wärmer	am wärmsten
Grundstufe	1. Vergleichsstufe	2. Vergleichsstufe

3 Lies den Text. Findet die Adjektive und ihre Vergleichsstufen.

Tim spielt heute am liebsten draußen. Sein Freund findet es zu kalt.
Jalila ist größer als ihre Freundin Nina. Nina ist älter als Jalila.
Milad findet Fußball spannender als Handball.

4 Schreibe die Adjektive aus **3** in eine Tabelle. Ergänze sie.
Markiere den Wortstamm.
Schreibe so:

Grundstufe	1. Vergleichsstufe	2. Vergleichsstufe
lieb	lieber	am liebsten

Mit Adjektiven steigern

1 Vergleiche mit der Grundstufe. Schreibe Sätze.
Schreibe so: Der Tiger ist so schnell wie der Löwe. ...

schnell   lang

spitz   schwer   kuschelig

2 Vergleiche mit der 1. Vergleichsstufe. Schreibe Sätze.
Schreibe so: Der Tiger ist schwerer als die Ameise. ...

lang   schwer   gefährlich

witzig   leicht

3 Schreibe eigene Vergleiche
mit Tieren oder Gegenständen.

Ist etwas anders, benutze ich *als*.
Ist etwas gleich, benutze ich *so wie*.

4 Schreibe die Sätze ab.
Setze das Adjektiv in der richtigen Form ein.

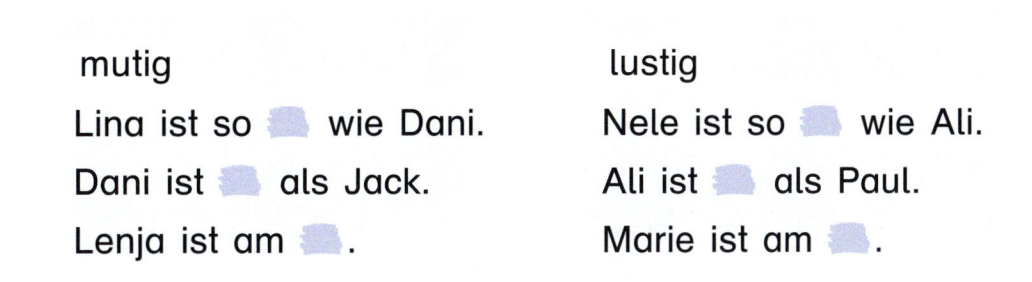

mutig

Lina ist so ▬ wie Dani.
Dani ist ▬ als Jack.
Lenja ist am ▬.

lustig

Nele ist so ▬ wie Ali.
Ali ist ▬ als Paul.
Marie ist am ▬.

5 Suche die Vergleichsstufen dieser Adjektive.
Schreibe sie auf.

gut   hoch   viel   nah

6 Schreibe mit den Vergleichsstufen aus **5** Sätze.

Sprache untersuchen | sprachliche Strukturen/Begriffe kennen und anwenden: Adjektive (Funktionalität) kennenlernen | > AH, S. 31

Wörter mit Doppelung weiterschwingen

1 Erzähle.

"Ich kriege das mit den doppelten Buchstaben nicht hin."

"Da hilft Weiterschwingen!"

"Mir hilft, wenn ich genau hinhöre. Ist der Selbstlaut kurz, schreibe ich doppelt."

2 Schwinge die Nomen weiter.
Schreibe so: Fell – die Felle, …

| Fell | Bett | Mann | Schiff | Lamm | Zufall | Sinn |
| Kuss | Stoff | Blatt | Brett | Tritt | Stamm | Kamm |

3 Schwinge die Adjektive weiter.
Schreibe sie mit einem passenden Nomen auf.
Schreibe so: voll – das volle Glas, …

voll   hell   nett   dünn   schnell   dumm   schlapp   still

4 Schwinge die Verben weiter.
Schreibe so: knallt – wir knallen, …

knallt   bellt   schwimmt   schafft   rennt   knurrt   will   kann

5 Schreibe den Text ab. Setze die passenden Mitlaute ein.

Mina spie_t (l/ll) am liebsten mit Miriam Müller.
Doch heute tri_t (f/ff) Miriam sich mit Johanna.
Das findet Mina überhaupt nicht ne_ (t/tt).
Sie schmo_t (l/ll): „Du so_st (l/ll) immer nur mit mir
spielen. Du bist du_ (m/mm)." Miriam brü_t (l/ll):
„Du besti_st (m/mm) nicht, wen ich to_ (l/ll) finde."

56   Richtig schreiben   rechtschriftliche Kenntnisse anwenden: Wörter mit Konsonantendoppelung schreiben; Rechtschreibstrategien anwenden: Weiterschwingen   > AH, S. 32

Wörter mit V/v merken M

1 Erzähle.

*Hm, schreibe ich **W** oder **V**?*

Wir schlagen einfach beides nach.

***V**ulkan mit **V**, das müssen wir uns merken.*

2 Schlage die Wörter nach und schreibe sie mit Seitenzahl auf.
Markiere V/v rot.
Schreibe so: **V**ioline S. 145, …

| Violine | Vater | Vase | Advent | Klavier | von | voll |
| vorher | davon | bevor | Pulver | November | vor | vier |

3 Schreibe den Text ab.
Setze die Wortbausteine `ver` oder `vor` ein. Markiere sie.

Marc und Sebastian haben sich ▢abredet. Doch Marc hat ▢gessen, wo sie sich treffen wollten. Dabei haben sie sich kurz ▢her noch darüber ▢ständigt. Am Spielplatz, aber: dahinter oder da▢? Er wird einfach ▢laufen und eher dort sein. Dann werden sie sich nicht ▢passen.

4 Finde Nomen mit `Ver` und `Vor`.

5 Übe die Merkwörter dieser Seite.

S. 134

Das kann ich jetzt

1 Lies Christians Fortsetzung der Geschichte. Überarbeite sie.

> In der Schatzkiste einen gefalteten Zettel.
> Wir klappten ihn. Wir einen Plan mit einer Insel,
> Pfeilen und einem Kreuz. Suchend sehen wir um. ...

2 Schreibe Nomen für Gefühle und Gedanken mit Artikel auf.

3 Schreibe Nomen mit den Wortbausteinen heit, keit und ung auf.

4 Schreibe Adjektive mit ihren Vergleichsstufen auf.

groß   süß   schwierig   gut   kalt   lang   viel

5 Schreibe mit Vergleichsstufen aus **4** Sätze.

6 Finde Wörter mit Doppelkonsonanten.

7 Ordne die Wörter nach dem Abc.

Verein   vergessen   Vase   verflixt   vorher   Vorhang   Vulkan

8 Schreibe Wörter mit den Wortbausteinen Ver ver Vor vor auf.

9 Finde in jedem Satz den Fehler. Schreibe den Satz richtig auf.

> Heute will die Klasse ein altes Schlos besichtigen. Tim murt über jede Treppenstufe. Aber oben findet er die Aussicht dann doch tol.

1 Erkläre den Unterschied der beiden Botschaften.

„Ich kann nicht nachdenken, wenn du so viel redest."

„Sei doch endlich mal leise!"

2 Was bedeutet der rote Faden in einer Geschichte?

3 Warum ist **Ehrlichkeit** ein Nomen?

Sternenforscher-Ecke

4 Lies den Text.

Tim schleicht zu seiner Schwester.
Er flüstert ihr ins Ohr: „Sagst du es Papa?"
Marie zischt: „Hältst du mich denn für eine Petze?"
Tim umarmt sie glücklich und dreht sich um.
Grimmig schnappt Marie seinen Arm.
Sie faucht: „Nach so einer Gemeinheit bekommst du
jetzt meine Rechnung: Du gehst mit mir ein Eis essen!"
Tim antwortet: „Morgen vor dem Sport!"

5 Arbeite weiter mit Kärtchen. Führt ein Rechtschreibgespräch. S. 133

6 Schreibe aus **4** die Wörter mit Wortbausteinen auf: ig lich heit ung.

7 Finde weitere Aufpass-Stellen im Text in **4**.

8 Übe die Merkwörter dieser Seite. S. 134

9 Schreibe die Sätze aus **4** als
- Abschreibtext
- Schleichdiktat
- Partnerdiktat. S. 134

Medien nutzen

1 Erzähle. Was fällt euch auf?

Sprechblasen im Bild:
- Weg da! Ich bin dran.
- Ich war zuerst da.
- Ich trau mich gar nicht zu fragen.
- Hau ab, jetzt bin ich dran!
- Du hast mir gar nichts zu sagen!

2 Im Klassenrat wurde verabredet, in der Klasse höflicher zu sprechen. Sammelt Vorschläge, wie die Kinder sprechen könnten, um diese Verabredung einzuhalten.

3 Probiert eure Vorschläge in einem Rollenspiel aus.

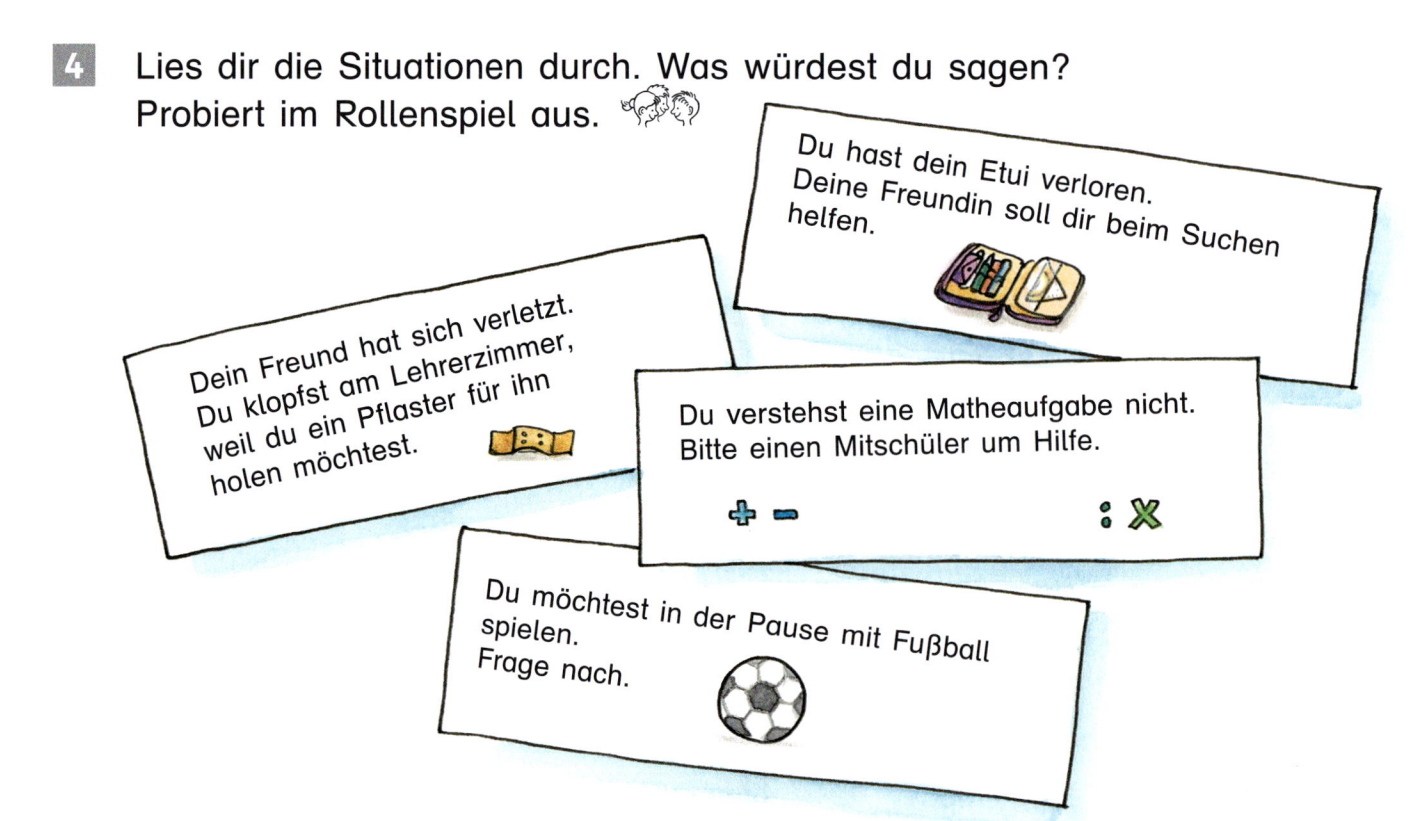

4 Lies dir die Situationen durch. Was würdest du sagen? Probiert im Rollenspiel aus.

- Du hast dein Etui verloren. Deine Freundin soll dir beim Suchen helfen.
- Dein Freund hat sich verletzt. Du klopfst am Lehrerzimmer, weil du ein Pflaster für ihn holen möchtest.
- Du verstehst eine Matheaufgabe nicht. Bitte einen Mitschüler um Hilfe.
- Du möchtest in der Pause mit Fußball spielen. Frage nach.

Sprechen und zuhören — zu anderen sprechen: Sprechbeiträge für Gesprächssituationen situationsangemessen planen, Wirkung der Redeweise kennen und beachten

Über Medienerfahrungen sprechen

1 Welche Medien kennst du?
Erzähle.

2 Welche Medien nutzt du und wofür? Begründe.

> Das Tablet benutze ich oft zum Schreiben, weil ich auf dem Handy schlecht tippen kann.

S. 125

3 Viele Kinder möchten einen eigenen Laptop haben. Sammelt Argumente dafür mit der Placemat-Methode.

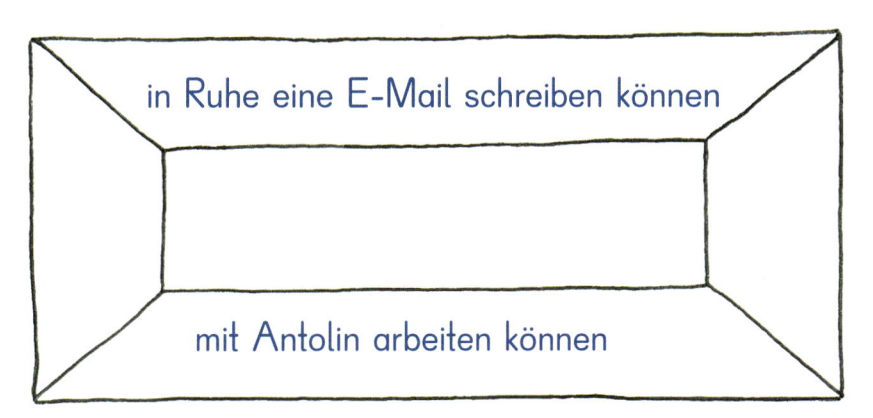

in Ruhe eine E-Mail schreiben können

mit Antolin arbeiten können

> Argumente sind Begründungen für eine Meinung oder einen Wunsch.

4 Präsentiert eure Argumente.
Sprecht so: Ich möchte einen eigenen Laptop haben, weil ich dann mit Antolin arbeiten kann, wann ich will.

5 Finde Argumente gegen einen eigenen Laptop.
Präsentiere sie.

Sprechen und zuhören | zu anderen sprechen: argumentieren; Wörter sammeln: Placemat nutzen; Gespräche führen: die Bedeutung elektronischer Kommunikationsformen reflektieren | > Placemat, S. 125

Argumentieren

1 Die Klasse 3a spielt gerne. Mesut mag Gesellschaftsspiele, Katharina hat viele Computerspiele.
Lies ihre Argumente.

- Computerspiele regen die Fantasie an.
- Gesellschaftsspiele kann ich überallhin mitnehmen.
- Computerspiele sind besser als Fernsehen.
- Bei Gesellschaftsspielen lerne ich, auch mal zu verlieren.

2 Sammelt weitere Argumente für Gesellschaftsspiele oder Computerspiele.

3 Stellt euch gegenseitig eure Argumente vor.

- Ich meine, dass Computerspiele besser sind als Fernsehen.
- Meiner Meinung nach regen Computerspiele die Fantasie an.
- Ein Argument für Gesellschaftsspiele ist, dass ich sie überallhin mitnehmen kann.
- Ich finde, dass man bei Gesellschaftsspielen lernen kann, auch mal zu verlieren.

pro Computerspiele / pro Gesellschaftsspiele

4 Welche Argumente findest du besonders wichtig? Begründe.

5 Welchen Argumenten stimmst du zu?
Welchen Argumenten stimmst du nicht zu?
Wie kannst du dies zeigen oder ausdrücken?

Formulierungshilfen:
Ich meine, dass …
Ich denke, dass …
Ich finde …, weil …
Meiner Meinung nach …
Ein Argument dafür ist …
Ein Argument dagegen ist …

Sprechen und zuhören | zu anderen sprechen: argumentieren, Gespräche situationsangemessen planen (Zustimmung/Ablehnung); Gespräche führen: gemeinsam Anliegen diskutieren

Ein Interview durchführen

1 Till, Mats und Emma wollen ein Interview zum Thema *Fernsehen* in der Schule durchführen. Sie bereiten sich vor. Erzähle.

- Wir stellen uns vor und erklären zu Beginn, zu welchen Themen und mit wem wir die Interviews führen.
- Wir bedanken uns zum Schluss für das Interview.
- Wir müssen die Gesprächsregeln beachten.
- Wir überlegen uns Fragen und schreiben sie auf.

2 Welche Gesprächsregeln sind wichtig für ein Interview? Ergänze.

3 Überlege dir Sätze, wie man ein Interview beginnen kann.

4 Lies die Erklärungen. Ordne die Sätze zu.

Aufnahme: Hier starte oder stoppe ich die Aufnahme.

Pause/Wiedergabe: Hier unterbreche ich die Aufnahme oder ich kann sie mir anhören.

Lautstärke: Hier regele ich die Lautstärke: lauter oder leiser.

Mikrofon: Hier spreche ich hinein.

Ein-/Aus-Taste: Hier schalte ich das Mikrofon ein und aus.

USB-Anschluss: Hier schließe ich einen Computer oder Laptop an.

Fragen formulieren

1 Ole und Kim haben Interview-Fragen zum Thema *Fernsehen* formuliert.
Lies ihre Fragen.

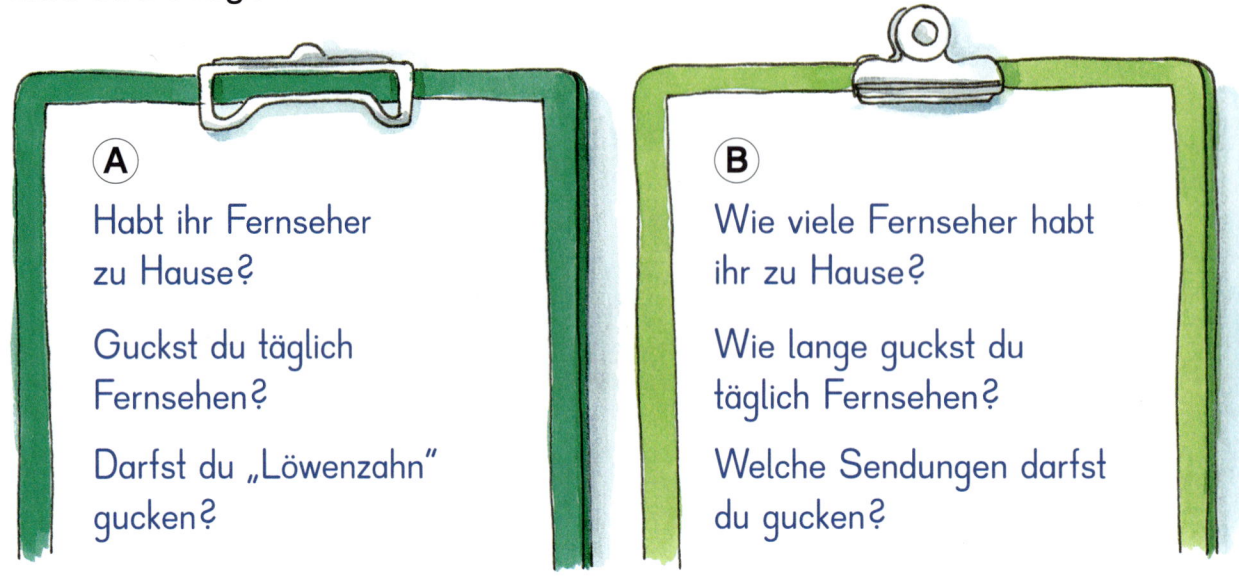

A

Habt ihr Fernseher zu Hause?

Guckst du täglich Fernsehen?

Darfst du „Löwenzahn" gucken?

B

Wie viele Fernseher habt ihr zu Hause?

Wie lange guckst du täglich Fernsehen?

Welche Sendungen darfst du gucken?

2 Beantwortet die Fragen. Was fällt euch auf?

3 Schreibe die Fragewörter aus **B** auf.
Welche Fragewörter kennt ihr noch? Ergänzt.

4 Überlegt euch weitere W-Fragen für das Interview.
Schreibt sie auf.

5 Sucht euch einen Interviewpartner.
Führt das Interview durch.

> Ich muss genau überlegen, welche Art von Fragen ich stelle.

6 Martin hat ein Interview durchgeführt.
Lies seine Fragen.

| Wo steht Ihr Fernseher? | Wie viele Fernseher haben Sie zu Hause? | Wie lange gucken Sie täglich Fernsehen? |

7 Wem könnte Martin diese Fragen gestellt haben? Begründe.

8 Formuliere deine Interviewfragen aus **4** so wie Martin in der Sie-Form.

Texte verfassen — sprachliche Mittel sammeln: Formulierungen (Interview-Fragen); Texte planen: Adressatenbezug klären — > AH, S. 36

Ergebnisse festhalten und auswerten

1 Erzähle.

- Wie heißt eure Lieblingssendung?
- Ich sehe am liebsten „Schloss Einstein".
- „Checker Can" und „Checker Tobi"! Die erklären so gut.

2 Erzähle von deiner Lieblingssendung.

3 Justin hat ein Balkendiagramm zu den Lieblingssendungen seiner Klasse erstellt. Beschreibe und erkläre.

Die wilden Kerle	ℍℍ
1, 2 oder 3	|||
Logo!	||||
Pfefferkörner	ℍℍ ||
Wissen macht Ah!	ℍℍ	
Schloss Einstein	ℍℍ

4 Führt eine Umfrage zum Thema *Lieblingssendungen* durch.

5 Übertrage die Ergebnisse in ein Balkendiagramm.

6 Vergleicht eure Diagramme.

7 Führt eine weitere Umfrage durch.

Lieblingsspiele   Lieblingshörspiel   Lieblingssänger/-in   …

Präteritum kennenlernen

1 Viele Erfindungen erleichtern die Arbeit zu Hause. Erzähle.

- Früher **kochte** man über dem Feuer.
- Heute **kocht** man auf dem Herd.
- Früher **bügelte** man mit dem Plätteisen.
- Heute **bügelt** man mit dem Bügeleisen.
- Früher **nähte** man mit der Hand.
- Heute **näht** man mit der Nähmaschine.
- Früher **schickte** man sich Briefe.
- Heute **schickt** man sich E-Mails.

2 Vergleicht die markierten Wörter. Was fällt euch auf?

Verben können in verschiedenen Zeitformen stehen.
Das **Präsens** (Gegenwartsform) zeigt, dass etwas jetzt passiert.
ich nähe, …
Das **Präteritum** (Vergangenheitsform) zeigt, dass etwas früher passierte. ich näh**te**, du näh**test**, er näh**te**, wir näh**ten**, ihr näh**tet**, sie näh**ten**

---

3 Schreibe die Verben aus **1** in der ich-Form auf.
Schreibe so: kochen: ich koche, ich kochte, …

4 Schreibe diese Verben im Präsens und im Präteritum auf.
Markiere die Endungen.

lernen   lachen

sagen   hüpfen

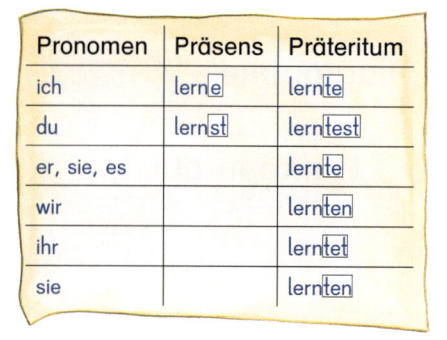

Pronomen	Präsens	Präteritum
ich	lern**e**	lern**te**
du	lern**st**	lern**test**
er, sie, es		lern**te**
wir		lern**ten**
ihr		lern**tet**
sie		lern**ten**

Sprache untersuchen — sprachliche Begriffe kennen und anwenden: Zeitstufen (Präteritum) des Verbs schreiben; an Wörtern arbeiten: Möglichkeiten der Wortbildung kennen (Verbendungen) > AH, S. 37/38

Präteritum anwenden

1 Lies die Sätze. Schreibe sie im Präteritum auf.

> Juliette (schütten) das rote Pulver in das Wasser.
> Die Zeitseife (schäumen) ordentlich.
> Lise und Bulle (holen) tief Luft und (tauchen) unter.
> Lise und Bulle (reisen) in die Vergangenheit.

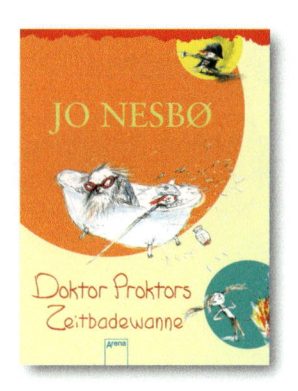

2 Lies die Verbformen. Ordne zu und schreibe auf.
Markiere den Wortstamm. Schreibe so: wir werf|en — wir warf|en, …

| wir werfen | wir trinken | wir schlafen | wir fahren |
| wir fuhren | wir schliefen | wir tranken | wir warfen |

3 Was fällt dir auf?

4 Finde die Grundform dieser Verben.

aß   kam   rief

> Unregelmäßige Verben verändern im Präteritum ihren Wortstamm.

5 Schreibe die Sätze im Präteritum auf.

> Lise und Bulle (finden) Doktor Proktor.
> Er (verlieren) seine Zeitseife. Darum (können) er
> nicht mehr zurückreisen. Lise und Bulle (helfen) ihm.

6 Bildet das Präteritum einiger Verben.

Er aß. — essen

Sie las. — lesen

Wörtliche Rede kennenlernen

1 Erzähle.

- Meine Erfindung heißt Sachensuchmaschine.
- Meine Erfindung ist eine Kitzelmaschine.
- Ich habe eine Aufräummaschine erfunden.
- Ich habe mir eine Hausaufgabenmaschine ausgedacht.

2 Lies den Satz. Vergleiche ihn mit ❶. Was fällt dir auf?

Emma sagt: „Ich habe eine Aufräummaschine erfunden."

Emma sagt: „Ich habe eine Aufräummaschine erfunden."
Begleitsatz   wörtliche Rede
Im Begleitsatz steht, wer spricht und wie gesprochen wird.
Nach dem Begleitsatz steht ein Doppelpunkt.
Das, was jemand sagt, nennt man wörtliche Rede.
Die wörtliche Rede steht zwischen Anführungszeichen.

3 Schreibe die Sätze auf. Unterstreiche den Begleitsatz blau und die wörtliche Rede orange. Setze die Zeichen richtig ein.

Lotta sagt Meine Erfindung ist eine Kitzelmaschine.

Leon sagt Ich habe mir eine Hausaufgabenmaschine ausgedacht.

Till sagt Meine Erfindung heißt Sachensuchmaschine.

4 Überlege dir eigene Sätze mit wörtlicher Rede. Schreibe sie auf.

Wörtliche Rede anwenden

1 Lies die Sätze.

> Vater sagt: „Das Bügeleisen ist die beste Erfindung."
> Mutter sagt: „Der Computer ist die beste Erfindung."
> Sarah sagt: „Opa ist der beste Geschichten-Erfinder."
> Jana sagt: „Die beste Erfindung ist der Fernseher."
> Armin sagt: „Das Internet ist die beste Erfindung."
> Oma sagt: „Die beste Erfindung ist die Waschmaschine."

2 Was fällt euch auf?

> Wortfeld sagen: flüstern, beschreiben, antworten, erklären, erzählen …

3 Sucht weitere Wörter, die zum Wortfeld **sagen** gehören. Schreibe sie auf.

4 Schreibe die Sätze aus **1** auf.
Ersetze dabei *sagt* durch andere Verben aus dem Wortfeld **sagen**.
Schreibe so: Vater erklärt: „Das Bügeleisen ist die beste Erfindung."

5 Denke dir für jede Sprechblase einen Begleitsatz aus.
Schreibe ihn mit der wörtlichen Rede auf.
Unterstreiche in den passenden Farben.

> Heute kann ich mich verabreden.

> Was ist für dich die beste Erfindung?

> Ich muss keine Hausaufgaben machen!

> Warum nicht?

Wörter mit s und ß weiterschwingen

1 Erzähle.

Schreibe ich s oder ß?

Das kannst du hörbar machen. Du musst weiterschwingen: das Gras – die Gräser, groß – größer.

2 s oder ß? Schwinge weiter.
Schreibe so: wir gießen – er gießt
größer – groß
die Gläser – das Glas

das Flo▩	er brem▩t	wei▩	der Fu▩	er spei▩t	er rei▩t
er hei▩t	er nie▩t	hei▩	fie▩	der Flei▩	türki▩
die Gan▩	der Spie▩	sü▩	er ra▩t	der Hal▩	ratlo▩

3 s oder ß? Schwinge weiter. Schreibe die Sätze auf.

Geocaching macht viel Spa▩.
Familie Nowak hat sich zu einem Kur▩ angemeldet.
Der Leiter begrü▩t die Familie.
Keanu beschlie▩t, mit Mama den Schatz zu suchen.
Mit dem GPS-Gerät stö▩t er auf eine Überraschung.
Im hohen Gra▩ liegt eine kleine Dose.
Mama ra▩t auf ihn zu und freut sich auch.
Keanu genie▩t den Ausflug mit seiner Mutter sehr.

Richtig schreiben — rechtschriftliche Kenntnisse anwenden: Wörter mit s und ß schreiben; Rechtschreibstrategien anwenden: Weiterschwingen — > AH, S. 41

Wörter mit i merken M

1 Schlage die Wörter nach und schreibe sie auf.

2 -in oder -ine? Ordne zu. Schreibe die Wörter auf.

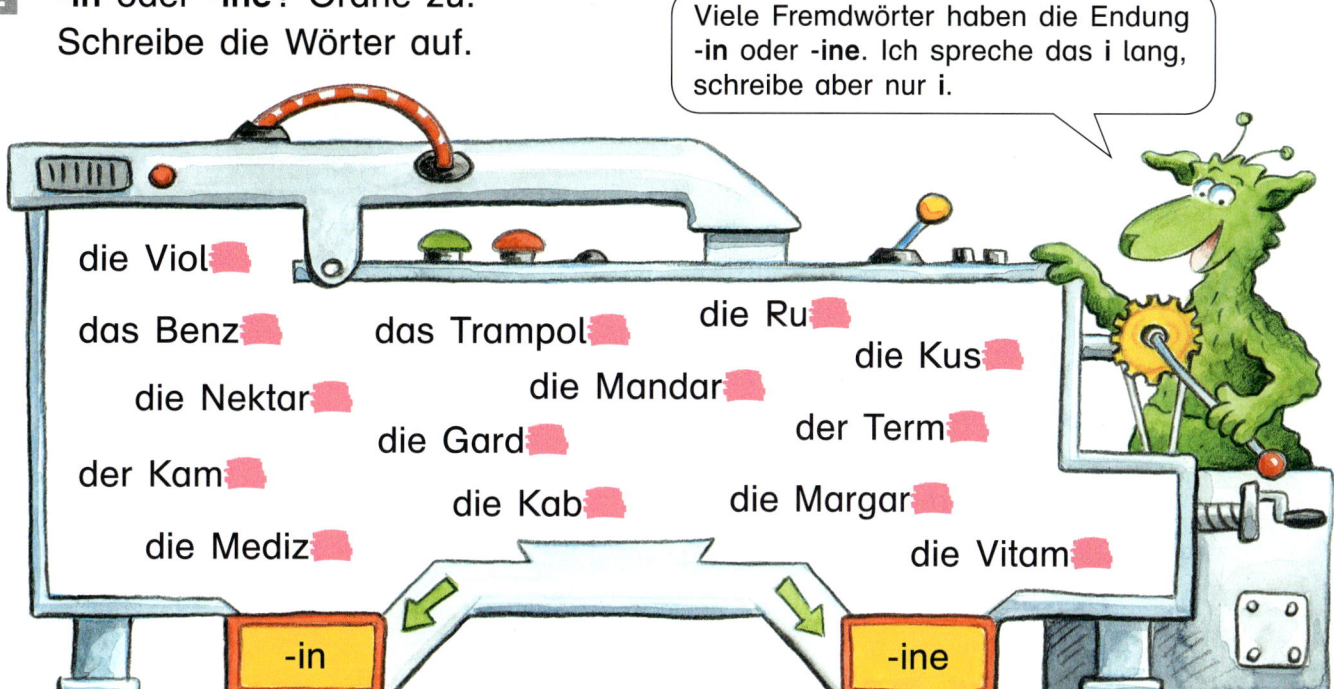

> Viele Fremdwörter haben die Endung -in oder -ine. Ich spreche das i lang, schreibe aber nur i.

die Viol_
das Benz_
die Nektar_
der Kam_
die Mediz_
das Trampol_
die Mandar_
die Gard_
die Kab_
die Ru_
die Kus_
der Term_
die Margar_
die Vitam_

-in   -ine

3 Würfele Quatschsätze. Schreibe sie auf.
Markiere in den Wörtern die Aufpass-Stelle i rot.

⚀	Ein Liter Milch	⚀ schmeckt lecker.
⚁	Die Primel	⚁ blüht bunt.
⚂	Der Delfin	⚂ schwimmt im Wasser.
⚃	Krokodile	⚃ sind gefährlich.
⚄	Ein Biber	⚄ hat scharfe Zähne.
⚅	Der Pilot	⚅ fliegt Flugzeuge.

4 Übe die Merkwörter dieser Seite.

S. 134

Richtig schreiben — Rechtschreibhilfen verwenden: mit der Wörterliste arbeiten (Wörter mit i); Rechtschreibstrategien anwenden: Merken — > Merkwörter üben, S. 134

Das kann ich jetzt

1 Schreibe Fragen für ein Interview zum Thema „Hausaufgaben" auf.

2 Übertrage die Ergebnisse aus der Strichliste in ein Balkendiagramm.

Wie häufig bist du in der Woche im Internet?	
0 mal	III
1–2 mal	IIII III
3–6 mal	IIII IIII II
jeden Tag	IIII

3 Schreibe Verben im Präteritum auf.

malen   fragen   schreiben   trinken   fliegen

4 Schreibe Sätze im Präteritum auf.

5 Denke dir für jede Sprechblase einen Begleitsatz aus.
Schreibe ihn mit der wörtlichen Rede auf.

- Wir spielen Fußball.
- Kann ich zu euch kommen?
- Ja, gerne!

6 Schlage nach und schreibe auf.

7 Finde den Fehler in jedem Satz. Schreibe den Satz richtig auf.

Martin saußt mit seinem Fahrrad schnell zu einem Freund.
Draußen ist es sehr heis und trocken.
Die Freunde erfrischen sich im Garten mit Wasser
aus der Gieskanne.

1. Was musst du beachten, wenn du ein Interview führst?

2. Wie kannst du Merkwörter üben?

3. Warum schreibt man **Gruß** mit **ß** und **Nuss** mit **ss**?

Sternenforscher-Ecke

4. Lies den Text.

Im Buch erfand Doktor Proktor
das Pupspulver. Es war unheimlich stark.
Man könnte es als Raketenantrieb nutzen.
Davon waren Lise und Bulle richtig überzeugt.
Aus Spaß testete Bulle das Pulver.
Ein Löffel war schon ausreichend.
Er flog mit aller Wucht in die Luft,
drehte einige Runden und landete bequem
wieder auf dem Boden.
Aber es gab auch die fiesen Zwillinge
mit ihrem Vater.

5. Arbeite weiter mit Kärtchen.
Führt ein Rechtschreibgespräch.

S. 133

6. Schreibe aus ④ die Wörter mit Wortbausteinen auf: ig lich.

7. Finde weitere Aufpass-Stellen im Text in ④.

8. Übe die Merkwörter dieser Seite.

S. 134

9. Schreibe die Sätze aus ④ als
   • Abschreibtext • Schleichdiktat • Partnerdiktat.

S. 134

Zu Märchen erzählen

1 Erzähle.

„Tischlein deck dich,
Esel streck dich,
Knüppel aus dem Sack!"

„Sesam, öffne dich!"

„Kikeriki, kikeriki,
unsere schmutzige
Jungfrau ist wieder hie!"

„Knusper, knusper,
knäuschen, wer knuspert
an meinem Häuschen?"

2 Welches Bild gehört zu welchem Märchenspruch?
Besprecht euch in einer Murmelrunde.

S. 126

3 Ordnet den Bildern aus ❶ die passenden Märchennamen zu.

Hänsel und Gretel   Tischlein deck dich

Frau Holle   Ali Baba und die 40 Räuber

S. 128 **4** Die Klasse 3b macht ein Brainstorming
zum Thema Märchen. Ergänzt.

Mit einem Brainstorming sammelt man Gedanken.

74   Sprechen und zuhören | zu anderen sprechen: erzählen;
Arbeitstechnik kennenlernen: Brainstorming nutzen | > Murmelrunde, S. 126
> Brainstorming, S. 128

Märchenmerkmale kennenlernen

1 Erzähle.

2 Lest die Merkmale von Märchen.
Ordnet sie den Märchenausschnitten zu.

- Märchenanfang
- magische Orte
- Märchenende
- Märchensprüche
- magische Zahlen
- böse Märchenfiguren
- magische Gegenstände
- gute Märchenfiguren

Auf dem Tisch fand sie 7 Messerchen, 7 Tellerchen, ...

Und wenn sie nicht gestorben sind, ...

Sie fragte ihren Zauberspiegel.

Der Jäger hatte ein gutes Herz und ließ das arme Kind laufen.

Die böse Königin wollte sie vergiften.

Schneewittchen wohnte hinter den sieben Bergen ...

Es war einmal eine Königin ...

„Spieglein, Spieglein an der Wand, ..."

Nicht jedes Märchen hat alle Merkmale.

3 Finde gute und böse Märchenfiguren.

Sprechen und zuhören — zu anderen sprechen: erzählen, Inhalte mit Fachbegriffen beschreiben (Merkmale von Märchen kennenlernen)

Ein Reihum-Märchen erzählen

1 Erzähle.

Der magische Ort ist ein Wald.

Ich erzähle den Anfang.

Die böse Märchenfigur ist ein Drache.

2 Erzählt euch mithilfe der Karten ein Reihum-Märchen.

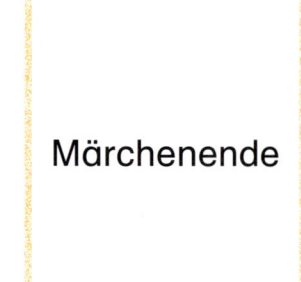

magische Orte	Märchen-sprüche	gute Märchen-figuren	Märchen-anfang
magische Gegenstände	magische Zahlen	Märchenende	böse Märchen-figuren

3 Reflektiert eure Gruppenarbeit.

4 Erzählt euch mit der ganzen Klasse ein Reihum-Märchen.

Sprechen und zuhören | zu anderen sprechen: erzählen; Gespräche führen: eigene Ideen einbringen und die Beiträge anderer aufgreifen (sich ein Reihum-Märchen erzählen)

Märchenmerkmale erkennen

1 Lies das Märchen.

Putzliese

Es war einmal ein kleines Mädchen, das hieß Liese. Liese lebte bei ihrer Großmutter. Ihre Eltern waren schon vor langer Zeit gestorben. Die Großmutter nannte sie immer nur Putzliese und ließ Liese den ganzen Tag nur
5 aufräumen, putzen und waschen. Nie durfte das Mädchen spielen wie die anderen Kinder.
Eines Tages sollte Putzliese auch noch den Keller aufräumen und putzen. Sie fing mit dem großen Regal an. Plötzlich fiel eine alte dreckige Vase auf ihre Füße.
10 Sie hatte ganz oben gestanden. Vorsichtig hob Putzliese die Vase auf. Da hörte das Mädchen eine Stimme aus der Vase: „Putzt du mich, putz ich für dich!" Erschrocken sprang Liese zurück. Neugierig nahm sie einen weichen Lappen und rieb und rieb so lange, bis die Vase
15 silbern glänzte und Liese sich darin spiegeln konnte. Auf einmal erschien eine Fee. Sie schwenkte ihren Zauberstab und der ganze Keller war bis in die hinterste Ecke sauber und aufgeräumt. Überglücklich umarmte das Mädchen die Fee und bedankte sich. Die Fee sagte: „Du musst
20 sieben Mal an der Vase reiben, damit ich wiederkomme. Verstecke sie gut, damit deine Großmutter sie nicht eines Tages findet und verkauft."
Liese sah sich um und fand ein Versteck in einer Kiste ganz hinten im Keller. Immer, wenn sie nun Hilfe brauchte,
25 holte sie die Vase hervor. Und wenn sie nicht gestorben ist, putzt die Fee vielleicht heute noch für Liese.

2 Erkläre, warum **Putzliese** ein Märchen ist.

3 Wählt ein Märchen aus. Findet die Märchenmerkmale.

4 Tauscht euch mit anderen Gruppen aus.

Sprechen und zuhören | zu anderen sprechen: erzählen, gelernte Inhalte mit Fachbegriffen beschreiben (Merkmale von Märchen benennen)

Ein Märchen nacherzählen

1 Lies das Märchen **Putzliese** von S. 77 mehrmals.

2 Schreibe dir Stichwortkarten.
Lege damit einen roten Faden.

Liese – Eltern gestorben – Großmutter – Versteck – ...

3 Erzähle das Märchen mithilfe des roten Fadens nach.
Wechselt euch ab.

S. 126 **4** Gebt euch Rückmeldung.

5 Lies die Sätze.
Schreibe auf, was für eine Nacherzählung wichtig ist.

- Schreibe in eigenen Worten.
- Schreibe nicht ab.
- Schreibe nur in Großbuchstaben.
- Schreibe im Präteritum.
- Nenne die wichtigsten Dinge.
- Schreibe in Englisch.
- Verändere die Geschichte nicht.
- Beachte die Reihenfolge der Ereignisse.

S. 129 **6** Schreibe mithilfe deines roten Fadens aus **2** eine Nacherzählung des Märchens **Putzliese**.

7 Lest euch eure Nacherzählungen vor.

---

78   Texte verfassen   Texte planen: Stichwörter sammeln, mit verschiedenen Methoden planen (roter Faden); Texte schreiben: nach Anregungen eigene Texte schreiben (Nacherzählung)   > AH, S. 44
> Rückmeldung geben, S. 126
> Textaufbau, S. 129

Eine Nacherzählung überarbeiten

1 Lies Noels Nacherzählung. Was fällt dir auf?

> Es war einmal ein Mädchen. Es hieß Putzliese, weil die Großmutter sie immer nur putzen ließ. Eines Tages geht Putzliese in den Keller. Sie musste dort alles aufräumen und putzen. Plötzlich fiel aus einem Regal eine alte schwarze Vase. Putzliese hebt sie auf und hörte eine Stimme aus der Vase: „Putzt du mich, putz ich dich!" Sie holte ein Tuch und reibt solange an der Vase, bis sie sich darin spiegeln kann. Sie glänzt silbern. Auf einmal kam eine Fee und der ganze Keller war blitzblank sauber. Putzliese staunte und freute sich, weil sie nun schon fertig war. Die Fee sagte: „Wenn du an der Vase reibst, komme ich wieder und helfe dir. Pass auf, dass deine Großmutter mich nicht findet." Putzliese versteckte die Vase in einer alten Kiste ganz hinten im Keller. Sie holte die Vase immer, wenn sie Hilfe brauchte. Und wenn sie nicht gestorben ist, putzt die Fee immer noch für sie.

2 Miriam, Emma und Felix nehmen Noels Nacherzählung unter die Lupe. Erzähle.

Namen der Textforscher	Das finde ich gut.	Dazu habe ich Fragen. Hier fällt mir etwas auf.	Tipps …
Miriam	Du hast den Spruch gut behalten.		
Felix		Einige Sätze hast du im Präsens geschrieben.	Schau dir in jedem Satz das Verb an.
Emma			Lies noch einmal die Märchenmerkmale.

„Dein Anfang ist sehr kurz. Beachte die W-Fragen."

„Hast du alle Märchenmerkmale aus dem Märchen beachtet?"

„Du hast einige Sätze im Präsens geschrieben."

3 Nehmt deine eigene Nacherzählung unter die Lupe.   S. 130

4 Überarbeite deine Nacherzählung.   S. 129

Satzglieder umstellen

1 Lies die Sätze. Erkläre.

| Rotkäppchen | hüpfte | auf dem Weg | .
| Auf dem Weg | hüpfte | Rotkäppchen | .
| Hüpfte | Rotkäppchen | auf dem Weg | ?

Ein Satz besteht aus Satzgliedern. Ein Satzglied kann aus einem oder mehreren Wörtern bestehen. **Satzglieder** kann man **umstellen**.

2 Stelle die Sätze so oft um, wie es möglich ist. Markiere die Satzglieder.

Der Wolf schlich durch den Wald.
Freundlich sprach der Wolf mit Rotkäppchen.
Auf dem Weg gab er dem lieben Mädchen einen guten Rat.

3 Wie oft konntest du jeden Satz umstellen? Was fällt dir auf?

4 Erweitere die Sätze. Markiere alle Satzglieder.

Rotkäppchen pflückte.

Der Wolf lief.

Großmutter schlief.

in ihrem Bett

bunte Blumen

durch den Wald

zu Rotkäppchens Großmutter

5 Schreibe mit den Wörtern einen Satz. Markiere die Satzglieder.

Großmutter Wolf listige Nachthaube Bett lag der mit dem in

Satzglieder bestimmen (Prädikat/Satzkern)

1 Schreibe kurze Sätze zu den Bremer Stadtmusikanten.

der Esel	bellen
der Hahn	miauen
der Hund	schreien
die Katze	krähen

In jedem Satz gibt es ein **Prädikat** (Satzkern). Das Prädikat ist ein Satzglied. Es antwortet auf die „**Was tut?**"-Frage.
Der Esel schrie.

2 Schreibe die Sätze ab. Markiere die Satzglieder.
Unterstreiche in jedem Satz das Prädikat rot.

Der Esel und der Hund schliefen unter einem Baum.
Geschickt kletterte die Katze auf einen Ast.
Der Hahn flog in die Baumkrone.
In der Ferne bemerkte er einen Lichtschein.

3 Hier sind die Satzglieder schon markiert und Prädikate unterstrichen.
An welcher Stelle steht das Prädikat?

| Der Esel | stand | mit den Vorderfüßen | auf dem Fenster | .
| Der Hund | sprang | auf seinen Rücken | .
| Die Katze | kletterte | auf den Hund | .
| Zuletzt | flog | der Hahn | auf ihren Kopf | .

4 Stellt die Sätze aus **3** zu Fragen um.
Wo steht nun das Prädikat?

5 Schreibe mit den Verben Sätze im Präteritum.
Markiere die Satzglieder. Unterstreiche das Prädikat rot.

| schreien | ärgern | holen | tragen | springen | kriechen |

Satzschlusszeichen setzen

1 Lies die Sätze leise.
Achte auf das Satzschlusszeichen.

> Womit soll ich nur mein Brot verdienen?
> Ich werde Stadtmusikant.
> Los! Komm doch mit nach Bremen!

2 Lest euch die Sätze aus **1** gegenseitig vor.
Betont so, dass man hört, mit welchem Satzschlusszeichen
der Satz endet.

> Am Ende eines **Aussagesatzes** steht ein **Punkt**.
> Am Ende eines **Ausrufesatzes** steht ein **Ausrufezeichen**.
> Am Ende eines **Fragesatzes** steht ein **Fragezeichen**.

3 Welche Satzschlusszeichen passen?
Lest euch diese Sätze mit richtiger Betonung vor.

> Alle stehen vor dem Fenster
> Ich sehe einen gedeckten Tisch
> Aber Räuber essen und trinken dort
> Können wir sie wohl verjagen
> Ich habe eine Idee
> Die Räuber flohen in den Wald

4 Schreibe die Sätze aus **3** auf.
Setze die passenden Satzschlusszeichen ein.

5 Woran erkennst du, dass ein Fragezeichen gesetzt werden muss?

6 Schreibe eigene Sätze mit . ! ? .

Wörtliche Rede anwenden

1 Erzähle.

Sprechblasen:
- Mein Tellerchen ist benutzt!
- Wer ...
- Wer hat aus meinem Becherchen getrunken?
- Mein Stühlchen ist verrutscht!

2 Schreibe die Sprechblasen aus **1** mit einem Begleitsatz auf.
Schreibe so: Ein Zwerg fragte: „Wer ... ?"

Denke daran: -**chen** und -**lein** machen alles klein.

3 Erweitere die Begleitsätze aus **2** um ein passendes Adjektiv.
Schreibe so: Ein Zwerg fragte empört: „Wer ..."

empört	wütend	entsetzt	erstaunt	unzufrieden
ratlos	ängstlich	verwundert	besorgt	glücklich
müde	erleichtert	aufgeregt	fröhlich	traurig

4 Schreibe Begleitsätze und dazu eine wörtliche Rede auf.
Verwende passende Verben und Adjektive.

Sprechblasen:
- Wo könntest du schlafen?
- ...
- Ich gehe jetzt ins Bett!
- Kann ich bei euch bleiben?

Verben weiterschwingen (Präteritum)

1 Erzähle.

> Das Präteritum ist total schwierig. Schreibe ich truk mit **k** oder trug mit **g**?

> Du kannst immer weiterschwingen: wir trugen, also mit **g**.

2 Ordne die Formen zu und schreibe sie auf.
Schreibe so: er kam – wir kamen, …

> Bei unregelmäßigen Verben hilft die wir-Form in derselben Zeitform.

er kam	wir liefen	sie trank	wir sprangen
sie lief	wir gingen	er sprang	wir schrieben
er ging	wir kamen	er schrieb	wir tranken

3 Schwinge die Verben weiter.

sie tru k/g — er ga p/b — sie a s/ß — er fan t/d — sie gri f/ff — sie la k/g

er blie p/b — sie ba t/d — er lo k/g — es f i/ie l — sie hie s/ß — er r i/ie f

4 Schreibe die Verben auf. Schwinge sie weiter. Vergleicht.

Die Zauberin schlo■ Rapunzel in einen Turm.
Im Turm befan■ sich keine einzige Tür.
Rapunzel ban■ ihre Zöpfe los
und lie■ ihr langes Haar herunter.
Die Zauberin stie■ daran empor.
Der Sohn des Königs ri■ durch den Wald
und stan■ vor dem hohen weißen Turm.

5 Schreibe die Sätze aus **4** ab.

Wörter mit ai merken M

1 Erzähle.

Hai   Mai   ?
Heizung   Meise

*Wörter mit **ai** kannst du nicht erklären. Du musst sie üben und sie dir merken.*

2 Die Rechtschreibung einiger Wörter kannst du nur durch den Inhalt des ganzen Satzes erkennen. Erkläre.

> Die Seite eines Buches ist dünn.
> Die Saite einer Gitarre kann schnell reißen.
>
> Das Brot wird zu einem Laib geformt.
> Den Körper eines Menschen nennt man auch Leib.
>
> Die Art und Weise, ein Lied zu spielen, ist unterschiedlich.
> Eine Waise ist ein Kind ohne Eltern.

3 Bilde zusammengesetzte Nomen. Schreibe sie mit Artikel auf.
Schreibe so: das Maiglöckchen, …

Mai + Glöckchen

Kaiser + Krone

Mai + Käfer + Flügel

Hai + Fisch + Flosse

Mais + Kolben

Frosch + Laich

Mai + Glöckchen + Blatt

Mais + Brot + Scheibe

4 Schreibe die Merkwörter dieser Seite auf.
Benutze verschiedene Farben und Formen.

5 Übe die Merkwörter dieser Seite.

Richtig schreiben | rechtschreibwichtige Wörter kennen: Wörter mit ai schreiben; Rechtschreibstrategien anwenden: Merken | > Merkwörter üben, S. 134

S. 134

Das kann ich jetzt

1 Schreibe magische Orte und Gegenstände auf.

----

2 Stelle die Sätze so oft um, wie es möglich ist.

> Das jüngste Tier verschwindet im Uhrenkasten.
> Die alte Hexe wohnt im Wald in einem Häuschen.

3 Markiere in deinen Sätzen aus **2** die Satzglieder.

4 Schreibe die Sätze ab, markiere die Satzglieder und bestimme die Prädikate.

> Ein König hatte eine schöne Tochter.
> Die Kugel fiel in den Brunnen.
> Das Mädchen warf den Frosch an die Wand.

5 Schreibe zu jedem Satz einen Begleitsatz. Setze die Zeichen der wörtlichen Rede und die passenden Satzschlusszeichen.

> Was gibst du mir, wenn ich dir wieder Stroh zu Gold spinne

> Ich habe nichts mehr, das ich dir geben könnte

> Gib mir dein erstes Kind, wenn du Königin bist

6 Wähle Verben aus. Schreibe Sätze im Präteritum.

riechen   stinken   bringen   halten   hängen   pfeifen

----

7 Finde in jedem Satz den Fehler. Schreibe den Satz richtig auf.

> Eine kleine Maise pickt am Zapfen.
> Im Mei baut sie ein Nest.
> Später wird sie am Meis picken.

1 Woran erkennst du ein Märchen?

2 Worauf musst du bei einer Nacherzählung achten?

3 Wofür braucht man verschiedene Satzschlusszeichen?

Sternenforscher-Ecke

4 Lies den Text.

Die Tochter wollte die Spule abwaschen
und bückte sich in den Brunnen.
Doch sie rutschte ihr aus der Hand.
Da sprang sie mutig hinterher.
Nach kurzer Zeit erwachte sie auf einer Wiese.
Vor ihr stand ein Ofen voller Brote.
Freundlich holte sie alle Laibe heraus.
Später schüttelte sie einen Apfelbaum
und legte die Äpfel vorsichtig auf einen Haufen.
Sie ließ im Haus einer alten Frau
viele Federn fliegen.

5 Arbeite weiter mit Kärtchen.
Führt ein Rechtschreibgespräch. S. 133

6 Schreibe aus ➍ die Wörter mit Wortbausteinen auf: ig lich ab vor .

7 Finde weitere Aufpass-Stellen im Text in ➍.

8 Übe die Merkwörter dieser Seite. S. 134

9 Schreibe die Sätze aus ➍ als
• Abschreibtext   • Schleichdiktat   • Partnerdiktat. S. 134

Informationen im Internet suchen

1 Erzähle. Ordne die Begriffe zu.

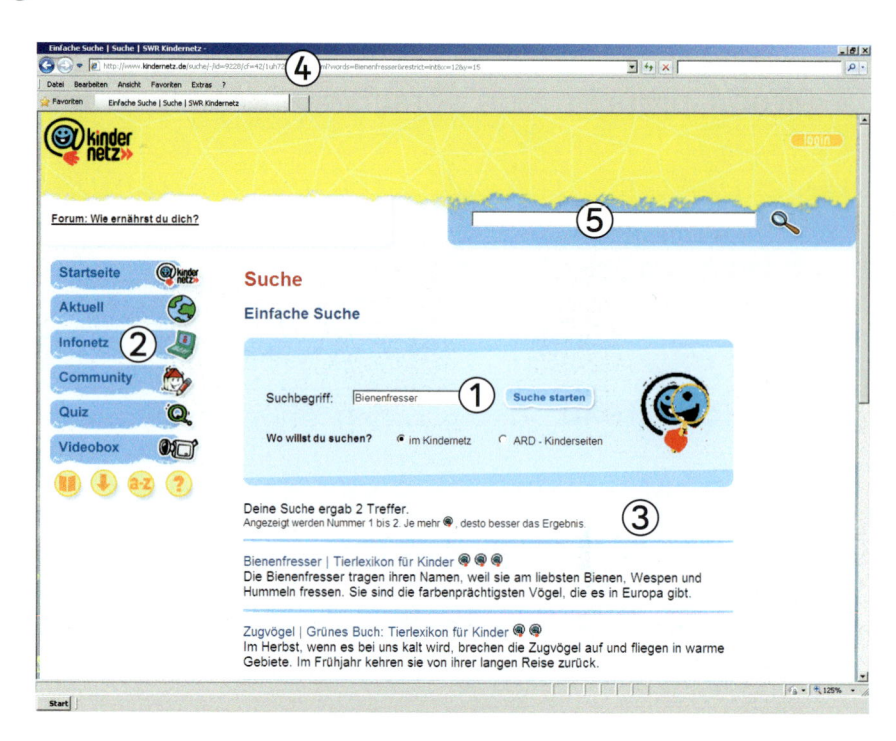

- Suchbegriff
- Menü
- Suchfeld
- Adresse/ Homepage
- Treffer

Juhu, ich habe mein Tier gefunden.

2 Erkläre, wie eine Internetsuche funktioniert.

3 Finde den Bienenfresser im Internet.

Informationen im Internet suchen

1 Erzähle.

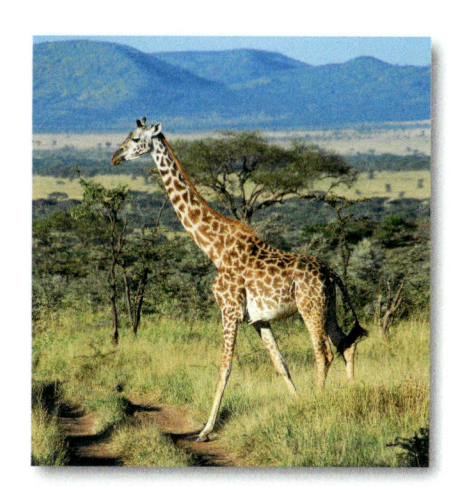

2 Wählt ein Tier aus und sucht Informationen im Internet.
Beantwortet dabei einige dieser Fragen. Notiert auf Karten.

- Name: Wie heißt das Tier?
- Lebensraum: Wo lebt das Tier?
- Aussehen: Wie sieht das Tier aus?
- Größe/Gewicht: Wie groß und wie schwer ist das Tier?
- Nahrung: Was frisst das Tier?
- Lebenserwartung: Wie alt wird das Tier?
- Besonderheiten: Gibt es Besonderheiten?

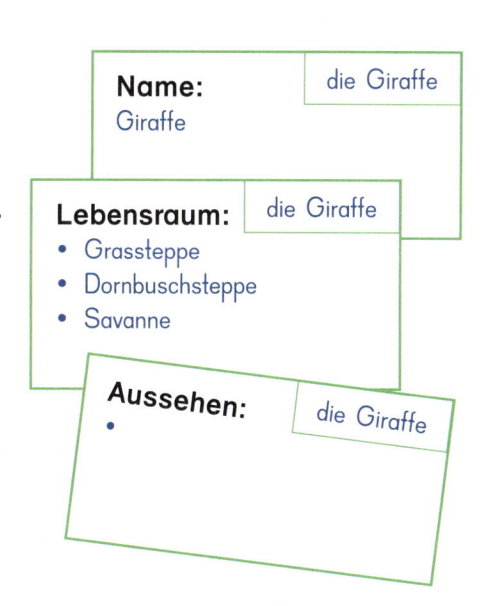

Name: die Giraffe
Giraffe

Lebensraum: die Giraffe
- Grassteppe
- Dornbuschsteppe
- Savanne

Aussehen: die Giraffe
•

3 Berichtet in der Klasse von eurer Recherche.

Sprechen und zuhören — zu anderen sprechen: informieren, Inhalte mit Fachbegriffen beschreiben (Informationen zu Tieren), Sachverhalte durch Medien gestützt zusammentragen

Informationen sammeln

1 Vergleiche die Texte und erzähle.

A Spitzmaul-Nashorn

Spitzmaul-Nashörner gehören zu den größten Landsäugetieren. Sie leben ausschließlich in Afrika.
Sie können bis zu 3,75 m lang werden und wiegen bis zu 1500 kg. Mit ihren kurzen, dicken Beinen sind sie schnelle Läufer.
Das Spitzmaul-Nashorn hat seinen Namen von der fingerförmigen, spitzen Oberlippe. Mit ihr greifen die Nashörner Blätter von Büschen oder Bäumen und rupfen sie ab. Die wichtigsten Erkennungsmerkmale sind die beiden Hörner auf der Nase. Das vordere Horn ist etwas länger als das hintere. Die Haut der Spitzmaul-Nashörner ist sehr dick. Spitzmaul-Nashörner können sehr gut hören und riechen, aber schlecht sehen.

Sie halten sich überwiegend in der Dornbusch-Savanne oder an Waldrändern auf. Wichtig für Nashörner sind die Wasserstellen zum Trinken. Weltweit gibt es heute noch fünf Nashorn-Arten. Neben dem Spitzmaul-Nashorn lebt in Afrika noch das Breitmaul-Nashorn. Das Spitzmaul-Nashorn ist die häufigste Nashorn-Art, die in Zoos gehalten wird.

B Spitzmaul-Nashorn

Spitzmaul-Nashörner gehören zu den größten Landsäugetieren. Sie leben ausschließlich in Afrika.
Sie können bis zu 3,75 m lang werden und wiegen bis zu 1500 kg. Mit ihren kurzen, dicken Beinen sind sie schnelle Läufer.
Das Spitzmaul-Nashorn hat seinen Namen von der fingerförmigen, spitzen Oberlippe. Mit ihr greifen die Nashörner Blätter von Büschen oder Bäumen und rupfen sie ab. Die wichtigsten Erkennungsmerkmale sind die beiden Hörner auf der Nase. Das vordere Horn ist etwas länger als das hintere. Die Haut der Spitzmaul-Nashörner ist sehr dick. Spitzmaul-Nashörner können sehr gut hören und riechen, aber schlecht sehen.

Sie halten sich überwiegend in der Dornbusch-Savanne oder an Waldrändern auf. Wichtig für Nashörner sind die Wasserstellen zum Trinken. Weltweit gibt es heute noch fünf Nashorn-Arten. Neben dem Spitzmaul-Nashorn lebt in Afrika noch das Breitmaul-Nashorn. Das Spitzmaul-Nashorn ist die häufigste Nashorn-Art, die in Zoos gehalten wird.

2 Erklärt, was beim Markieren wichtig ist.

3 Finde zu den farbigen Markierungen Oberbegriffe. Schreibe sie auf.

4 Vergleicht eure Ergebnisse. Ergänzt.

Texte verfassen • Texte planen: Verwendungszusammenhänge (Markieren) klären, Informationen zu Oberbegriffen sammeln

Informationen ordnen

1 Erzähle.

| Name | das Spitzmaul-Nashorn |

Spitzmaul-Nashorn
- Name von der fingerförmigen, spitzen Oberlippe

| Größe | das Spitzmaul-Nashorn |

- bis zu 3,75 m lang
- bis zu 1500 kg schwer

| Lebensraum | das Spitzmaul-Nashorn |

- ausschließlich in Afrika

| Nahrung | das Spitzmaul-Nashorn |

- Blätter von Büschen und Bäumen

Bei einem Steckbrief verwende ich Stichwörter und halte eine sinnvolle Reihenfolge ein.

2 Schreibe zu den Oberbegriffen Karten zum Spitzmaul-Nashorn.

3 Nehmt eure Karten unter die Lupe. T

4 Lies den Text. Suche wichtige Informationen und schreibe einen Steckbrief.

S. 129

Giraffen sind Herdentiere und leben in Gruppen von 10–20 Tieren zusammen. Weibchen erreichen eine Höhe bis zu 4,50 m und wiegen bis zu 1180 kg. Männchen werden bis zu 5,80 m groß und wiegen bis zu 1900 kg. Ein besonderes Kennzeichen der Giraffe ist ihr Fellmuster, das bei jedem Tier einzigartig ist, vergleichbar mit dem Fingerabdruck beim Menschen. Der Bauch der Giraffen ist meistens hell. Auf dem Kopf trägt die Giraffe Knochenzapfen, die mit Fell bedeckt sind und wie „Hörnchen" aussehen. Über den langen Hals zieht sich eine kurze Stehmähne. Die großen Augen und langen Wimpern geben ihr ein freundliches Gesicht. Giraffen können bis zu 25 Jahre alt werden. Auf der Suche nach Futter durchstreift die Giraffenherde die Grassteppe, Savannen, Dornbuschsteppen und lichte Wälder in Ost- und Südafrika. Mit ihrer langen Zunge streift sie die Blätter der Schirmakazien ab. Giraffen müssen nicht jeden Tag trinken. Beim Trinken müssen sie die Vorderbeine weit spreizen, um mit dem Mund das Wasser zu erreichen. Vor Löwen, Leoparden und Hyänen müssen sich vor allem die Jungtiere in Acht nehmen. Ausgewachsene Giraffen können sich mit ihren Hufen gut verteidigen und laufen im Galopp bis zu 60 km pro Stunde schnell.

| Texte verfassen | Texte planen: Schreibsituation und Adressatenbezug klären, Texte mit verschiedenen Methoden planen; Texte schreiben: Text (Steckbrief) schreiben | > AH, S. 52
> Textaufbau, S. 129 |

Informationen präsentieren

1 Erzähle.

Das Spitzmaul-Nashorn

Lebensraum: Afrika, Dornbusch-Savanne, Waldränder

Größe/Gewicht: 3,75 m, 1500 kg

Aussehen:
- fingerförmige, spitze Oberlippe
- zwei Hörner, vorderes Horn länger
- dicke Haut

Nahrung: Blätter von Büschen und Bäumen

Besonderheiten:
- schnell laufen, gut riechen / hören
- schlecht sehen

Horn   Fuß   Haut

Wer klebt?

Pass auf! Das wird sonst schief.

Wir müssen die Bilder zuerst einmal hinlegen.

Mein Plakat-Tipp: Informationen auswählen, Platz einteilen, Texte und Bilder aufkleben, richtig schreiben.

S. 132 **2** Was musst du bei der Erstellung eines Plakates beachten? Schreibe auf.

S. 125 **3** Erstelle ein Plakat über ein Tier. Du kannst den PC nutzen.

S. 131 **4** Präsentiere dein Plakat.

Texte verfassen | Texte präsentieren: Texte mit Schrift gestalten (ein Plakat erstellen), gestalterische Mittel sammeln; über Schreibfertigkeiten verfügen: den PC für die Textgestaltung nutzen | > Plakat, S. 132
> Arbeit mit dem Computer, S. 125
> Präsentieren, S. 131

Einen Vortrag halten

1 Ordnet die Stichwörter richtig zu und schreibt sie auf.

| vor dem Vortrag | während des Vortrags | nach dem Vortrag |

- Spickzettel schreiben
- Informationen suchen
- Zuhörer anschauen
- Einleitungssatz aufschreiben
- Rückmeldungen einholen
- Verständnisfragen stellen
- Vortrag üben
- laut und deutlich sprechen
- am Plakat zeigen
- langsam sprechen, Pausen machen
- Schlusssatz aufschreiben
- Plakat herstellen
- auf Fragen antworten
- etwas zum Anschauen mitbringen

2 Vergleicht mit einer anderen Partnergruppe.

3 Schreibe auf, was für einen Spickzettel wichtig ist. — S. 132

4 Schreibe einen Spickzettel zu deinem Vortrag.

5 Übe deinen Vortrag mithilfe des Plakates und des Spickzettels.

6 Halte deinen Vortrag.

7 Gebt euch Rückmeldung.

> Auf einem Spickzettel stehen die wichtigsten Informationen in Stichwörtern. Sie sind in der Reihenfolge des Vortrags angeordnet. Er hilft mir, wenn ich vor der Klasse spreche.

S. 132
S. 126

> Erkläre mir bitte, warum das Spitzmaul-Nashorn diesen Namen hat.

Texte verfassen | Texte präsentieren: Lernergebnisse geordnet festhalten (Spickzettel); funktionsangemessen sprechen: informieren | > Spickzettel, S. 130
> Vortrag halten, S. 132
> Rückmeldung geben, S. 126

Satzglieder umstellen

1 Bilde aus den Satzgliedern einen Satz und schreibe ihn auf.

> Leon   in der Klasse   hält   über Elefanten   einen Vortrag   .

2 Stelle den Satz so oft wie möglich um.

3 Unterstreiche in allen Sätzen die Prädikate rot.

4 Lies den Text. Schreibe ihn ab.

> Die Klasse 3c recherchiert über Lieblingstiere.
> Rico sucht im Internet nach Informationen über Tiger.
> Nele liest in einem Lexikon etwas über Fledermäuse.
> Inga klebt Bilder auf ihr Plakat.
> Sören schreibt einen Spickzettel mit dem Computer.
> Zwei Mädchen üben ihren Vortrag im Gruppenraum.

5 Markiere in deinem Text die Satzglieder.
Unterstreiche die Prädikate rot.

6 Anna hat den Text neu geschrieben. Was fällt dir auf?

> Die Klasse 3c recherchiert über Lieblingstiere.
> Rico sucht im Internet nach Informationen über Tiger.
> In einem Lexikon liest Nele etwas über Fledermäuse.

Rico | sucht

> Wenn ich Sätze umstelle, dann kann mein Text besser werden.

7 Stelle die anderen Sätze aus ➍ um.
Schreibe sie auf.

Satzglieder bestimmen (Subjekt)

1 Lies die Sätze. Was fällt dir auf?

> Rieke erklärt ihr Plakat in der zweiten Stunde vor der Klasse.
> Rieke erklärt ihr Plakat in der zweiten Stunde.
> Rieke erklärt ihr Plakat.
> Rieke erklärt.

2 Aus wie vielen Satzgliedern besteht der letzte Satz?

> Ein vollständiger Satz hat immer Subjekt und Prädikat.

> Mit den Fragewörtern **Wer/Was?** und dem **Prädikat** kannst du das **Subjekt** erfragen.
> Rieke erklärt. — Wer/Was erklärt? Rieke

3 Schreibe die Sätze ab. Markiere die Satzglieder. Unterstreiche die Prädikate rot.

> Johannes liest in einem Buch über Wölfe.
> Lisa findet keine Bilder von Moskitos.
> Jamal sammelt Stichwörter zum Thema Nahrung.
> Lennox zeigt Lisa eine gute Seite im Kindernetz.
> Justin sucht mehr Informationen im Lexikon.
> Frau Schmelter beobachtet die Kinder am Vierertisch.
> Aus Versehen zerschneidet Ronja ihr Bild.
> Über die Anordnung der Bilder streitet eine Gruppe.

4 Erfrage in deinem Text aus **3** mit dem Prädikat das Subjekt. Unterstreiche das Subjekt blau.
Schreibe so: Johannes liest in einem Buch über Wölfe.
Wer/Was liest? Johannes

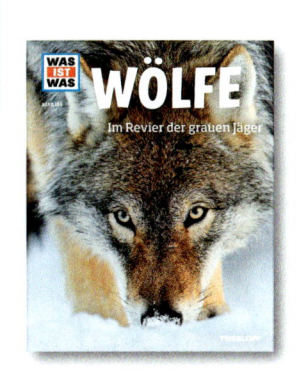

Angaben im Satz kennenlernen (Ort)

1 Schreibe die Sätze ab. Markiere die Satzglieder.
Bestimme in jedem Satz das Prädikat und das Subjekt.

> Lisa übt im Gruppenraum.
> Lisa kommt aus der Klasse.
> Lisa geht auf den Schulhof.

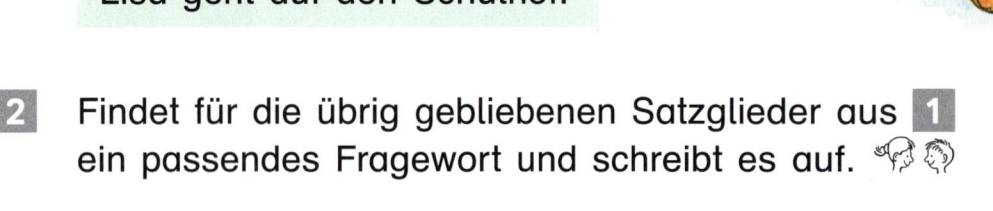

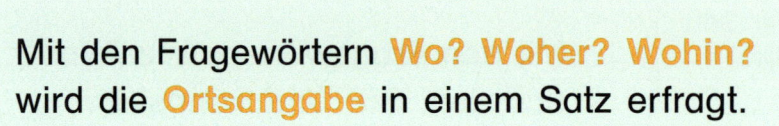

2 Findet für die übrig gebliebenen Satzglieder aus **1** ein passendes Fragewort und schreibt es auf.

> Mit den Fragewörtern **Wo? Woher? Wohin?**
> wird die **Ortsangabe** in einem Satz erfragt.

3 Markiere die Ortsangabe in den Sätzen aus **1** orange.

4 Ergänze in jedem Satz eine Ortsangabe. Beachte das Fragewort.

> Nils hält seinen Vortrag.   Wo?
> Olivia holt ihren Spickzettel.   Woher?
> Frau Stein geht.   Wohin?

5 Schreibe die Sätze ab. Markiere und bestimme alle Satzglieder farbig.

> Der Papagei fliegt auf den höchsten Baum.
> Stechmücken leben in Feuchtgebieten.
> Im Regenwald leben die Blattschneiderameisen.

6 Bilde Sätze mit Ortsangaben. Markiere die Satzglieder.
Unterstreiche Prädikat, Subjekt und Ortsangabe.

| suchen | verstecken | schleichen | schlafen | kommen | … |

Angaben im Satz kennenlernen (Zeit)

1 Schreibe die Sätze ab. Markiere die Satzglieder.
Unterstreiche in jedem Satz Prädikat, Subjekt und Ortsangabe farbig.

> Der Emu sitzt seit drei Wochen auf seinen Eiern.
> Fledermäuse schlafen tagsüber in Höhlen.
> Sie jagen nachts außerhalb ihrer Höhle.

2 Findet für die übrig gebliebenen Satzglieder aus **1** ein passendes Fragewort und schreibt es auf.

> Mit den Fragewörtern **Wann? Seit wann? Wie lange?** wird die **Zeitangabe** in einem Satz erfragt.

3 Markiere die Zeitangabe in den Sätzen aus **1** gelb.

4 Ergänze in jedem Satz eine Zeitangabe. Beachte das Fragewort.

> Nils hält seinen Vortrag.   Wann?
> Olivia fehlt.   Seit wann?
> Frau Stein unterrichtet.   Wie lange?

5 Schreibe die Sätze ab. Unterstreiche alle Satzglieder.

> Abends fressen die Flusspferde am Ufer.
> Giraffen schlafen jeden Tag dreißig Minuten.
> Zugvögel fliegen viele Stunden.

6 Bilde Sätze mit Zeitangaben. Markiere die Satzglieder.
Unterstreiche Prädikat, Subjekt und Zeitangabe.

| zeichnen | finden | beobachten | brüten | schlüpfen | ... |

Rechtschreibstrategien anwenden

1 Erzähle.

> Elefantenkälber fressen
> noch kein Heu. In den Nächten
> fliegen die Eulen lautlos
> durch die Wälder. Jäger kennen
> die Futterplätze der Tiere genau.
> Mit lauten Geräuschen flitzen
> die Affen durch das Blätterdach.
> Viele Tiere täuschen ihre Feinde
> durch gute Tarnung.

2 Schreibe alle Wörter, die über den Rand geschrieben wurden, nach Silben getrennt auf.
Schreibe so: Näch-ten, ...

3 Schreibe den Text ab. Trenne am Ende der Zeile nach Silben.

4 Schreibe diese Sätze nach Silben getrennt auf.

> Fiese Fliegen haben keine Fliegengitter.

> Die Tatzen der Katzen
> kratzen Kratzer in die Matratzen.

Am Zeilenende kann man nach Silben trennen.

5 Schreibe aus den Sätzen aus **1** alle Wörter mit **ä** und **äu** auf.
Markiere die Aufpass-Stelle.
Suche die verwandten Wörter mit **a** und **au**.
Schreibe so: Elefantenkälber — Kalb, ...

6 Finde weitere Wörter mit **ä** oder **äu**.
Schreibe sie auf. Führt ein Rechtschreibgespräch.

S. 133

98 | Richtig schreiben | rechtschriftliche Kenntnisse anwenden: Silbentrennung am Zeilenende beachten; Rechtschreibstrategien anwenden: Ableiten | > AH, S. 56
> Rechtschreibgespräch, S. 133

Fremdwörter merken M

1 Lies die Wörter. Ordne sie zu.

die Box	große Pracht, Verschwendung
flexibel	Wörterbuch
der Jux	Schachtel
das Lexikon	biegsam, beweglich
der Luxus	Stoffe
die Textilien	Scherz, Spaß
das Taxi	zusammenhängende Sätze
der Text	Fahrzeug mit Fahrer

2 Vergleicht.

3 Ordne die Merkwörter aus **1** nach dem Abc. Schreibe sie auf. Kontrolliere mit der Wörterliste.

4 Ordne die Wörter nach dem Abc. Schreibe sie auf. Kontrolliere mit der Wörterliste.

Pyramide	symmetrisch	Papyrus	Symbol
Symmetrie	systematisch	Sympathie	System
Hygiene	synthetisch	Hydrant	Hymne

> Wenn der zweite Buchstabe gleich ist, schaue ich mir den nächsten Buchstaben an und so weiter.

5 Schreibe Erklärungen zu einigen Wörtern aus **4** auf.

6 Übe die Merkwörter dieser Seite.

S. 134

Das kann ich jetzt

1 Schreibe die Oberbegriffe auf, die für einen Tier-Steckbrief wichtig sind.

2 Stelle die Sätze so oft um, wie es möglich ist.

> Deniz und Enes gehen heute Nachmittag in den Zoo.
> Seit zwei Tagen brütet ein Storchenpaar auf der Scheune.
> Die Kaninchen hoppeln am Abend in den Stall.
> Die Ente und ihre Küken kommen aus dem Teich.

3 Markiere und bestimme in den Sätzen aus **2** alle Satzglieder.

4 Schreibe diese Sätze nach Silben getrennt auf.

> Im Zoo fressen die Spatzen den Meerschweinchen das Futter weg.
> Die Flusspferde liegen am Ufer und dösen.
> Der Delfin springt aus dem Wasser und schnattert.

5 Schreibe Wörter mit **X/x** auf.

6 Schreibe Fremdwörter auf.

7 Sortiere deine Wörter aus **5** nach dem Abc.

8 Finde den Fehler in jedem Satz. Schreibe den Satz richtig auf.

> Kari sucht etwas im Leksikon.
> Amelie bestellt sich ein Miksgetränk.
> Am Bahnhof wartet ein Taksi.
> Sie überarbeitet ihren Tekst.
> Die Wirbelsäule einer Katze ist sehr fleksibel.

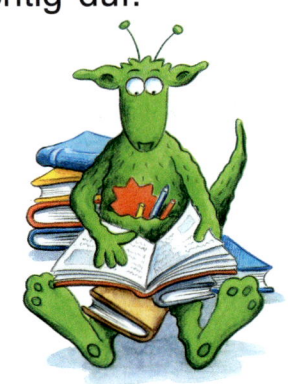

1 Wie findest du eine Information im Internet?

2 Wie gestaltest du ein gutes Plakat?

3 Was musst du bei einem Vortrag beachten?

Sternenforscher-Ecke

4 Lies den Text.

Sami und Jan sitzen gemütlich am Computer.
Gerade haben sie den Suchbegriff Hyäne
in das Suchfeld eingegeben.
Schon haben sie zwei gute Treffer.
Sami diktiert ruhig: Ein typisches Merkmal
der Tiere sind die längeren Vorderbeine.
Sie haben einen großen Kopf und ein kräftiges Gebiss.
Ein Weibchen führt das Rudel an.
Die Tiere sind erfolgreiche Jäger,
die aber auch Aas fressen.
Jan schimpft: „O nein, das muss ich verbessern!
Eine Hyäne frisst nur Kadaver."

5 Arbeite weiter mit Kärtchen. Führt ein Rechtschreibgespräch. S. 133

6 Schreibe aus **4** die Wörter mit Wortbausteinen auf: ig lich ver .

7 Finde weitere Aufpass-Stellen im Text in **4**.

8 Übe die Merkwörter dieser Seite. S. 134

9 Schreibe die Sätze aus **4** als
• Abschreibtext   • Schleichdiktat   • Partnerdiktat. S. 134

Das kann ich jetzt/ Sternenforscher-Ecke

Rechtschreibstrategien anwenden: Mitsprechen, Weiterschwingen, Ableiten, Merken; über Lernen sprechen: über Lernerfahrungen reflektieren

> Methoden, S. 127/133/134
> AH, S. 58 (Sternenforscher)
> AH, S. 59 (Das kann ich jetzt)

Bilder beschreiben und deuten

1 Betrachte die Bilder. Erzähle.

2 Wähle ein Bild aus. Beschreibe genau, was du siehst.
Notiere dir Stichwörter auf Karten.

3 Was denkst du zu deinem ausgewählten Bild?
Erzähle.

4 Präsentiere deine Gedanken zu deinem Bild.

Zu einem Bild erzählen

1 Betrachte die Bilder.

2 Wähle ein Bild aus. Denke dir eine Geschichte dazu aus.

3 Notiere dir Stichwörter zu deiner Geschichte. Lege einen roten Faden.

4 Erzähle deine Geschichte. Nutze deinen roten Faden. Wechselt euch ab.

5 Male selbst ein Bild. Denke dir dazu eine Geschichte aus.

6 Notiere dir Stichwörter. Lege einen roten Faden. Erzähle deine Geschichte.

7 Gebt euch Rückmeldungen.

8 Schreibe deine Geschichte.

Mir gefällt …

Warum hast du …?

Sprechen und zuhören | zu anderen sprechen: erzählen, nach Anregungen (Bilder, Stichwörter) eine Geschichte erzählen; an Wörtern arbeiten: Wörter ordnen (Stichwörter, roter Faden) | > Rückmeldung geben, S. 126

S. 126

Schreibimpulse nutzen

1 Beschreibe genau, was du siehst.

2 Schreibe auf, was du **siehst**.
Schreibe so: Ich sehe …

3 Vergleicht und ergänzt.

4 Schreibe auf, was du **denkst**, wenn du das Bild betrachtest.
Schreibe so: Ich denke, dass …

spionieren

beobachten

Freunde

Schnitzeljagd

Ausritt

…

erforschen

Problem

Texte verfassen | Texte planen: Schreibideen entwickeln; Texte schreiben: nach Anregungen (Bild) ein Bild beschreiben (deuten)

Zu einem Bild schreiben

1 Erzähle.

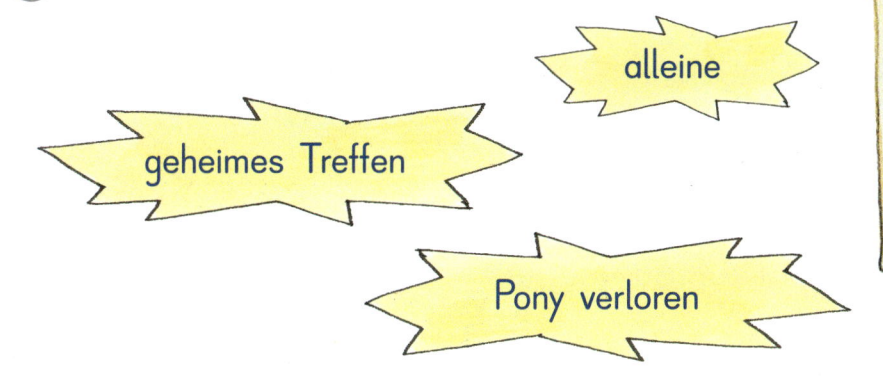

- alleine
- geheimes Treffen
- Pony verloren

Ich sehe:
- Mädchen mit Fernglas
- liegt unter einem Baum
- sieht etwas
- eine große Uhr

Schreibplan	
Schreibidee:	Das verlorene Pony
Einleitungssatz:	Heute plant der Reitstall mit allen Kindern einen Ausritt.
Was nun?	Die Reitlehrerin fragt, ob die Sattelgurte festgezogen sind. Alle Kinder nicken.
Was nun?	•
Was nun?	•
Ende	

Ich denke, dass:
- sie eine Schnitzeljagd machen
- sie Freunde beobachtet
- sie ein Problem hat
- Kinder ausreiten

2 Schreibe mit deinen Gedanken zum Bild von S. 104 einen eigenen Schreibplan.

3 Stelle deinen Schreibplan einem Partnerkind vor. Beratet euch gegenseitig.

4 Schreibe deine Geschichte mithilfe des Schreibplans.

Auf welche Lupe achtest du heute?

S. 128

5 Nehmt eure Geschichten unter die Lupe.

S. 130

6 Lies deine Geschichte in der Klasse vor.

7 Sammelt Bilder, die sich dazu eignen, Geschichten zu schreiben. Legt eine Kartei an.

Texte verfassen	Texte planen: Schreibideen sammeln (Ideenblitze), mit dem Schreibplan arbeiten; Texte schreiben: nach Anregungen (Bild) eigene Texte (Geschichte) schreiben	> AH, S. 60 > Schreibplan, S. 128 > Textlupe, S. 130

Einen Text überarbeiten

1 Lies den Text.

Das verlorene Pony

Der Reitstall plant mit allen Kindern einen gemeinsamen Ausritt.
Alle satteln ihr Pony. Die Reitlehrerin sagte: „Zieht den Sattelgurt gut fest."
Sie geht herum und hilft den Kindern, die Hilfe brauchen. Martin sattelt sein Pony ganz alleine. Schon geht es los. Die Gruppe ritt in einer langen Reihe hintereinander her.
Martin reitet als Letzter. Plötzlich rutscht er zur Seite. Der Sattelgurt ist anscheinend doch locker. Er stieg ab. Martin legt seinen Rucksack ins Gras und öffnet den Gurt. Da wird das Pony unruhig. Der Junge schafft es nicht, den Gurt zu befestigen.
Auf einmal läuft das Pony plötzlich los und wirft ihn um. Er rief die anderen Kinder, aber sie reiten einfach weiter und hören ihn nicht. Martin überlegt eine Weile. Dann hat er eine Idee …

2 Was fällt dir auf?

3 Schreibe den Text ab.
Setze dabei die Verben ins Präteritum.

4 Schreibe einen passenden Schluss.

5 Nehmt euren Schluss unter die Lupe.

S. 130

> Denke daran: Texte sollen in einer Zeitform geschrieben sein.

Texte verfassen   Texte überarbeiten: Texte in Bezug auf die äußere Gestaltung überarbeiten (Zeitform), über die Wirkung der Textentwürfe beraten   > Textlupe, S. 130

Verben in verschiedenen Zeitformen bilden

1 Erzähle.

> Opa, erzähl doch mal von früher. Was habt ihr gespielt?

> Ich möchte darüber einen Artikel in der Schülerzeitung schreiben.

> Das mache ich gerne, Kinder. Also …

2 Lies Opas Erzählung.

> So <u>haben</u> wir früher <u>gespielt</u>:
> Wir <u>haben</u> fast immer draußen <u>gespielt</u>.
> Dort <u>haben</u> sich alle Kinder <u>getroffen</u>.
> Wir <u>haben</u> mit Murmeln und Drehkreiseln <u>gespielt</u>.
> Die Mädchen <u>sind</u> in Hüpfekästchen <u>gesprungen</u>.

3 Lies den Text für die Schülerzeitung.
Schreibe ihn ab und unterstreiche die Verben.

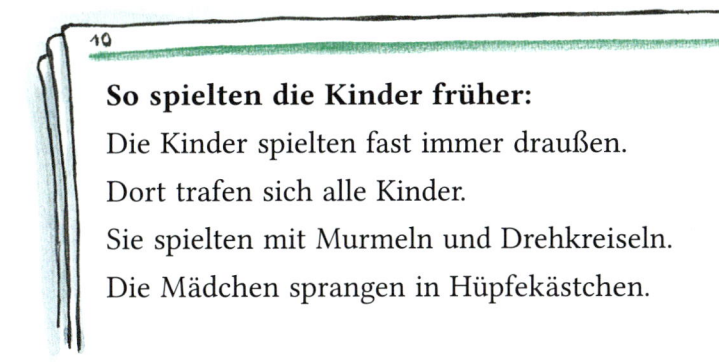

> **So spielten die Kinder früher:**
> Die Kinder spielten fast immer draußen.
> Dort trafen sich alle Kinder.
> Sie spielten mit Murmeln und Drehkreiseln.
> Die Mädchen sprangen in Hüpfekästchen.

4 Vergleiche die unterstrichenen Verben aus **2** und **3**. Was fällt dir auf?

Verben können in verschiedenen Zeitformen stehen.
Wenn man etwas von früher schreibt, benutzt man das **Präteritum**.
Ich spielte. Ich sprang.
Wenn man etwas von früher erzählt, benutzt man das **Perfekt**.
Ich habe gespielt. Ich bin gesprungen.

Verben beugen

1 Erzähle. Was fällt dir auf?

Ich lese gerade ein Buch.
Ich habe dieses Buch gelesen.
Ich las das Buch.

2 Ordne zu. Schreibe so und unterstreiche die Verben:

Präsens:	Präteritum:	Perfekt:
Ich male.	Ich malte.	Ich habe gemalt.

Ich male. Du schläfst. Ihr seid gegangen. Sie holt.
Sie holte. Wir sind gelaufen. Ich malte. Ich habe gemalt.
Du hast geschlafen. Wir liefen. Du schliefst.
Wir laufen. Ihr geht. Sie hat geholt. Ihr gingt.

Das **Perfekt** ist eine Zeitform des Verbs.
Es wird mit den Hilfsverben **sein** oder **haben** gebildet.
Ich bin gelaufen. Ich habe gespielt.

---

3 Schreibe die Verbformen im Präsens auf.

sein	haben
ich bin	ich habe
du	
er, sie, es	
wir	
ihr	
sie	

4 Schreibe die Verben **spielen** und **laufen** in allen Personalformen im Perfekt auf.

Verben in verschiedenen Zeitformen anwenden

1 Schreibe die Verben in der ich-Form im Perfekt auf.

gehen	hüpfen	träumen	schlafen
rechnen	hören	springen	schreiben
fliegen	rennen	singen	fahren

sein	haben
ich bin gegangen	ich habe gesucht

2 Was fällt dir auf?

3 Opa erklärt Hüpfekästchen.
Schreibe den Text ab und setze die Verbformen im Perfekt ein.

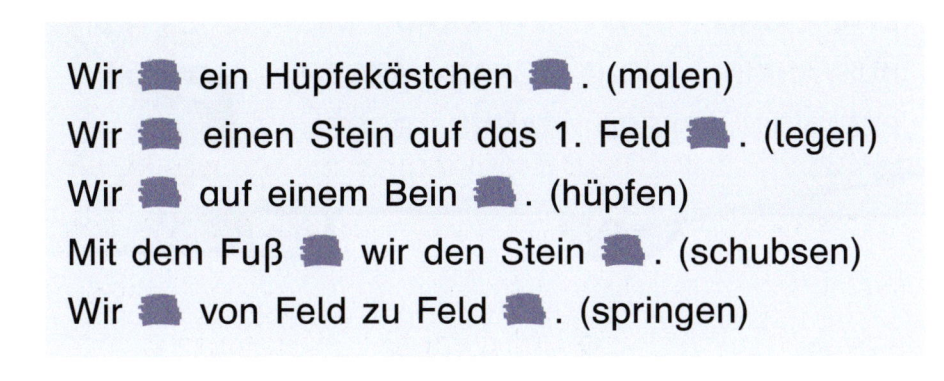

Wir ▪ ein Hüpfekästchen ▪. (malen)
Wir ▪ einen Stein auf das 1. Feld ▪. (legen)
Wir ▪ auf einem Bein ▪. (hüpfen)
Mit dem Fuß ▪ wir den Stein ▪. (schubsen)
Wir ▪ von Feld zu Feld ▪. (springen)

> Alle Verben der Bewegung werden mit **sein** gebildet.

4 Schreibe den Text aus **3** im Präteritum auf.

5 Schreibe die Sätze ab. Setze dabei die Verben ins Perfekt.

Lisa springt Gummitwist im Hof.
Oma kauft Gemüse beim Bauern.
Frau Schmitz besucht ein Museum.
Benno füttert seinen Hund.
Maxi fährt mit dem Fahrrad nach Hause.
Opa gießt die Blumen.
Tante Inge stopft eine Socke.

6 Finde weitere Verben der Bewegung.
Schreibe damit Sätze im Perfekt.

Wortarten wiederholen

1 Lies die Wörter.

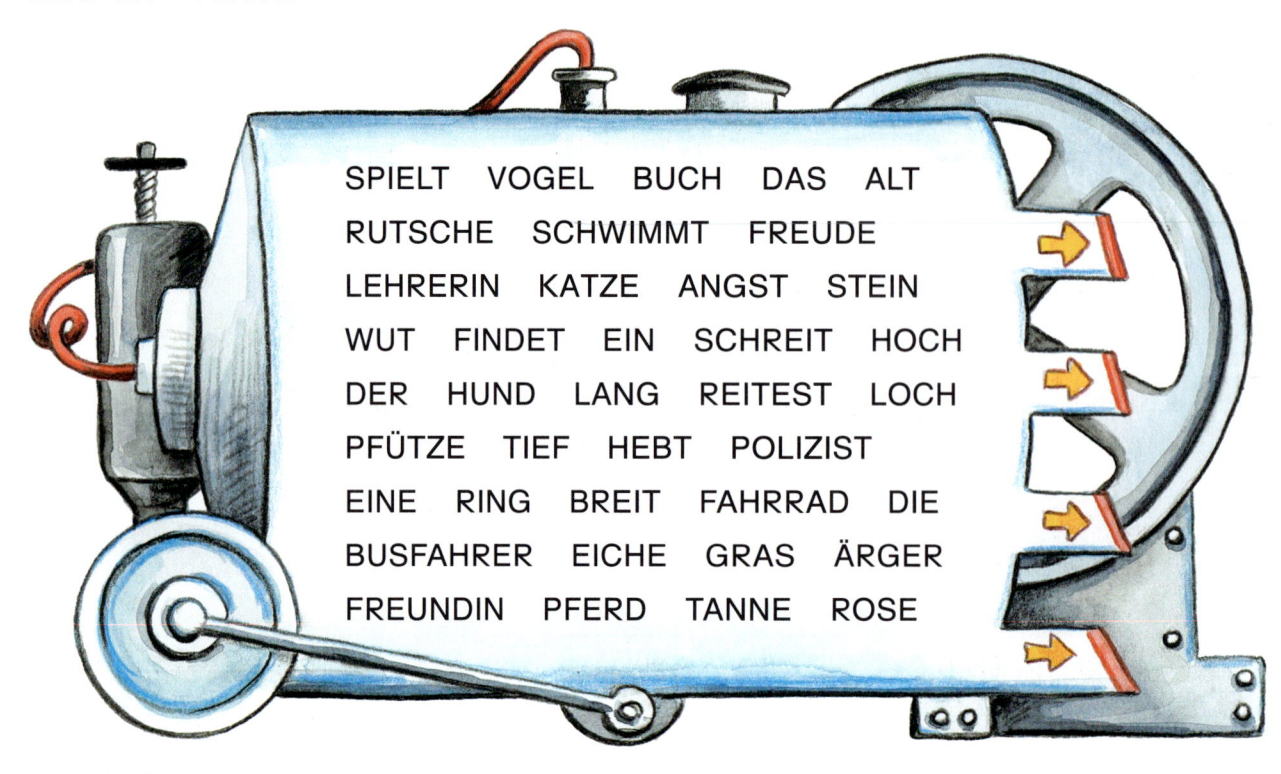

SPIELT VOGEL BUCH DAS ALT
RUTSCHE SCHWIMMT FREUDE
LEHRERIN KATZE ANGST STEIN
WUT FINDET EIN SCHREIT HOCH
DER HUND LANG REITEST LOCH
PFÜTZE TIEF HEBT POLIZIST
EINE RING BREIT FAHRRAD DIE
BUSFAHRER EICHE GRAS ÄRGER
FREUNDIN PFERD TANNE ROSE

2 Finde die Nomen aus **1**. Schreibe sie mit bestimmtem Artikel auf.
Schreibe so: der Vogel, ...

3 Finde die Verben aus **1**. Schreibe sie in der Grundform auf.
Schreibe so: spielt — spielen, ...

4 Wähle ein Verb aus **1**. Schreibe es in allen Personalformen
im Präsens, Präteritum und Perfekt auf.
Schreibe so: ich spiele, ich spielte, ich habe gespielt,
du spielst, du ...

5 Finde die Adjektive aus **1**. Schreibe sie mit den Vergleichsstufen auf.
Schreibe so: alt — älter — am ältesten, ...

6 Finde alle Artikel aus **1**. Schreibe sie auf.
Schreibe so: das, ...

7 Bilde mit einigen Wörtern aus **1** Sätze. Schreibe sie auf.

Zusammengesetzte Nomen bilden

1 Finde die zusammengesetzten Nomen. Schreibe die Sätze ab.

> Der Schuh aus Holz ist der Holzschuh.
> Die Decke für das Bett ist die ▮.
> Die Gabel für den Mist ist die ▮.
> Die Stiche von Mücken sind die ▮.

Man kann verschiedene Wortarten zu Nomen zusammensetzen.

2 Schreibe weitere Sätze wie in **1**.

3 Welche Wörter stecken in den zusammengesetzten Nomen?
Schreibe so: das Schlafzimmer = schlafen + das Zimmer, ...

> das Schlafzimmer
> das Kaufhaus
> die Spülmaschine

> die Waschmaschine
> das Laufrad
> der Wasserfall

4 Bilde zusammengesetzte Nomen.
Schreibe so: kühlen + der Schrank = der Kühlschrank, ...

> kühlen + der Schrank
> schnitzen + das Messer
> stricken + die Jacke

> essen + der Löffel
> rollen + der Schuh
> malen + der Kasten

5 Welche Wörter stecken in diesen zusammengesetzten Nomen?
Schreibe so: Esspapiergeschmack = essen + das Papier + der Geschmack, ...

> Esspapiergeschmack   Malkastenfarbe   Tiefseetaucher
>
> Waschmaschinentrommel   Boxhandschuhe   Haustürklingel

6 Finde eigene zusammengesetzte Nomen.

Wörter weiterschwingen

1 Erzähle.

- Warum schreibt man Rennmaus mit **nn**?
- Rennmaus ist ein zusammengesetztes Nomen. Es besteht aus **renn** und **Maus**.
- Da musst du weiterschwingen, rennen – also **nn**.
- **Renn** ist der Wortstamm von rennen.

2 Zerlege die zusammengesetzten Wörter und schwinge weiter.
Schreibe so: schwimmen, die Kerze = die Schwimmkerze, ...

- die Schwi(m/mm)kerze
- der Spi(k/ck)zettel
- der Fa(l/ll)schirm
- die Ste(l/ll)wand
- der Bru(m/mm)bär
- der Kna(l/ll)frosch
- der Kra(z/tz)baum
- das Kla(p/pp)rad
- der We(k/g)weiser

3 Zerlege die zusammengesetzten Wörter und schwinge weiter.
Schreibe so: die Strände, die Körbe = der Strandkorb, ...

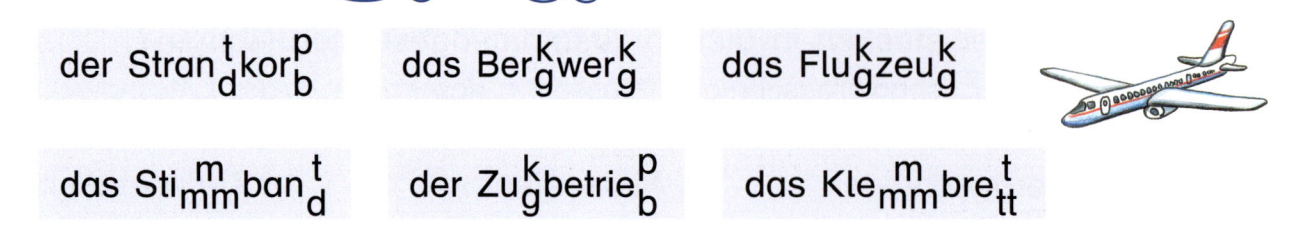

- der Stran(t/d)kor(p/b)
- das Ber(k/g)wer(k/g)
- das Flu(k/g)zeu(k/g)
- das Sti(m/mm)ban(t/d)
- der Zu(k/g)betrie(p/b)
- das Kle(m/mm)bre(t/tt)

4 Finde die Fehler. Schreibe die Sätze richtig auf.

- Der Puzlappen ist dreckig.
- Der Hupschrauber fliegt in der Luft.

Wörter mit ä und Doppelvokalen merken

1 Erzähle.

- Das musst du auch nicht. Viele Wörter lassen sich ableiten.
- Du musst dir nur die Wörter merken, zu denen du kein verwandtes Wort mit **a** findest.
- Es gibt so viele Wörter mit **ä**. Die kann ich mir nicht alle merken.

2 Schreibe die Wörter auf, die du dir merken musst. Vergleiche.

der Käfig	die Säge	die Schränke	das Fähnchen	er fällt
der Bär	der Träger	die Tänzerin	der Schädel	du fängst
sie zählt	du fährst	das Mädchen	das Märchen	der Käse

3 Schreibe die Nomen aus der Wörterschlange mit Artikel auf.
Schreibe so: der Schnee, …

SCHNEEKLEESEETEEMEERBEEREBEETTEERFEEIDEE

4 A/a oder Aa/aa? Schlage nach und schreibe auf.
Schreibe so: der Aal, …

 ▇l   H▇r   S▇l   S▇lz   L▇mm   ▇pfel   ▇lt   k▇lt
 ▇s   R▇t   St▇rt   P▇r   W▇ge   ▇st   S▇t   h▇rt

5 o oder oo? Schlage nach und schreibe auf.
Schreibe so: der Zoo, …

 Z▇   ▇ft   B▇t   T▇rte   T▇r   M▇r   d▇f   M▇s

6 Übe die Merkwörter dieser Seite.

Das kann ich jetzt

1 Schreibe eine Geschichte.

> schleichen   See   Taschenlampe   ...

2 Schreibe die Verben **schwimmen** und **hören** in allen Personalformen und allen Zeitformen auf.

3 Schreibe jeweils drei Nomen, Verben und Adjektive auf.

4 Schreibe Adjektive und ihre Vergleichsstufen auf.

5 Schreibe die bestimmten und unbestimmten Artikel auf.

6 Schreibe zusammengesetzte Nomen auf.

7 Schreibe Merkwörter mit doppeltem Selbstlaut **aa** auf.

8 Schlage nach und schreibe auf.

9 Schreibe Merkwörter mit dem doppeltem Selbstlaut **oo** auf.

10 Finde den Fehler in jedem Satz. Schreibe den Satz richtig auf.

> Mein Schreipheft ist weg!
> Linus schreibt einen Spikzettel.
> Achte auf das Stopschild!
> Hörst du den leisen Sumton?
> Paula sucht ein Mallheft.
> In der Broddose ist ein Apfel.

1 Wie überarbeitet man einen Text?

2 Wie bestimmt man Satzglieder?

3 Woran erkennt man Nomen, Verben und Adjektive?

Sternenforscher-Ecke

4 Lies den Text.

Die Klasse 3b zählt ungeduldig die letzten Schultage.
Sie führt ein Interview durch.
Manche schmieden mit ihren Eltern Reisepläne,
manche wollen sich im Schwimmbad treffen.
Fünf Kinder schwimmen lieber im See.
Einige Kinder wollen mit den Großeltern in den Zoo.
Zwei Elternpaare wollen mit den Kindern
eine längere Radreise und eine Wanderung
durch ein Moor unternehmen.
Drei Kinder müssen am letzten Schultag abends
zum Flughafen, weil sie in den Süden verreisen.
Alle freuen sich auf die freie Zeit.

5 Arbeite weiter mit Kärtchen. Führt ein Rechtschreibgespräch.   S. 133

6 Schreibe aus **4** die Wörter mit Wortbausteinen auf: | ig | lich | ver | ung |.

7 Finde weitere Aufpass-Stellen im Text in **4**.

8 Übe die Merkwörter dieser Seite.   S. 134

9 Schreibe die Sätze aus **4** als
• Abschreibtext   • Schleichdiktat   • Partnerdiktat.   S. 134

Im Herbst

Eine Bastelanleitung schreiben

1 Lies die Sätze und erzähle.
Du brauchst: 1 Papierquadrat, Wollfaden, Krepppapierstreifen, Schere, Kleber, Stifte

Papierquadrat diagonal falten

Faltung wieder öffnen

rechte und linke Außenkante zur Mittellinie falten und festkleben

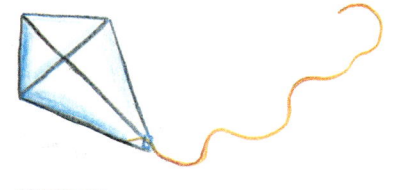

den Drachen umdrehen
Wollfaden unten an den Drachen kleben

Krepppapierstreifen an den Wollfaden knoten

Drachen mit lustigem Gesicht verzieren

2 Bastele den Drachen.

3 Schreibe die Anleitung in der ich-Form auf.
Benutze diese Satzanfänge:

| zuerst | dann | nun | jetzt | anschließend | zum Schluss |

Zeichen in Nachrichten kennenlernen

1 Lies den Text und erzähle.

Halloween entstand vor 1000 Jahren auf den britischen Inseln. Am 31. Oktober feierten die Menschen das Ende des Sommers. Sie entzündeten auf den Hügeln riesige Feuer, um die bösen Geister zu vertreiben.
In Amerika stellen die Menschen Kerzen in Kürbisse. Die Kinder gehen verkleidet zu den Häusern. Sie sammeln Süßigkeiten und rufen *trick or treat*.

2 Was bedeutet **trick or treat**?

3 Ordnet zu.

Hexe	Geist	Katze	Maus	Monster
witch	mouse	monster	cat	ghost

4 Lies die Nachricht. Erkläre.

19.00 Uhr, Gevastr. 12
CU + LG Lilo

5 Löst das Rätsel und schreibt die Lösung auf.

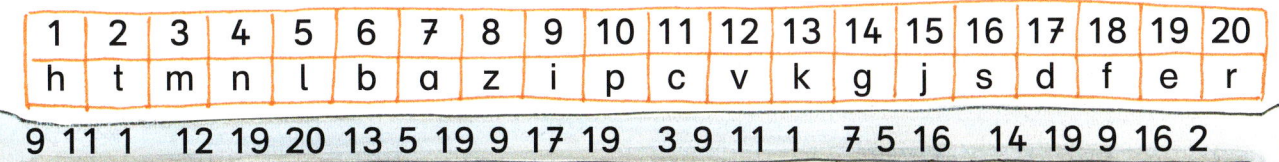

1	2	3	4	5	6	7	8	9	10	11	12	13	14	15	16	17	18	19	20
h	t	m	n	l	b	a	z	i	p	c	v	k	g	j	s	d	f	e	r

9 11 1 12 19 20 13 5 19 9 17 19 3 9 11 1 7 5 16 14 19 9 16 2

6 Schreibe eigene geheime Nachrichten.

Sprache untersuchen — Gemeinsamkeiten und Unterschiede von Sprachen entdecken; an Wörtern arbeiten: mit Sprache experimentell und spielerisch umgehen

Im Winter

Präpositionen verwenden

1 Erzähle.

2 Schreibe auf, wo die Geschenke versteckt sind.
Unterstreiche das Wort, welches sagt, wo sich die Geschenke befinden.
Schreibe so: Das rote Geschenk liegt auf dem Schrank. ...

Die Wörter über, neben, unter, auf, hinter, vor, zwischen, in zeigen, *wo* sich jemand oder etwas genau befindet.
Diese Wörter heißen **Präpositionen**.

3 Wo ist Bu? Male zu jedem Satz ein Bild.

Bu ist neben dem Weihnachtsbaum.
Bu ist auf dem Weihnachtsbaum.
Bu ist unter dem Weihnachtsbaum.
Bu ist vor dem Weihnachtsbaum.

4 Wo versteckst du deine Geschenke? Erzähle.

Ein Gedicht kennenlernen

1 Lies das Gedicht. Erzähle.

> **In der Neujahrsnacht**
>
> Die Kirchturmglocke
> schlägt zwölfmal Bumm.
> Das alte Jahr ist wieder mal um.
>
> Die Menschen können sich in den Gassen
> vor lauter Übermut gar nicht mehr fassen.
> Sie singen und springen umher wie die Flöhe
> und werfen die Mützen in die Höhe.
>
> Der Schornsteinfegergeselle Schwerzlich
> küsst Konditor Krause recht herzlich.
> Der alte Gendarm brummt heute sogar
> ein freundliches: Prosit zum neuen Jahr.
>
> Joachim Ringelnatz (1883-1934)

2 Wie feierst du Silvester? Was wünschst du dir für das neue Jahr?

3 Lest und beantwortet die Fragen.

> Wie viele Strophen hat dieses Gedicht?
> Wie viele Verse hat jede Strophe?

> Strophen sind die Abschnitte in einem Gedicht.
> Ein Vers ist eine Zeile in der Strophe.

4 Sucht die Reimwörter in jeder Strophe.

5 Lerne das Gedicht auswendig. Trage es vor.

6 Schreibe Wünsche für das neue Jahr.

> Ein neues Jahr steht vor der Tür, ich wünsche dir viel Glück dafür.

7 Gestalte deine Wünsche. Du kannst auch den PC nutzen.

Im Frühling

Zu Bildern erzählen

1 Erzähle.

Der Wettlauf

2 Was sagt der Igel, was sagt der Hase?

3 Findet Stichwörter zu den Bildern.
Schreibt sie auf Karten und legt sie auf einen roten Faden.

4 Erzählt die Geschichte mithilfe eures roten Fadens nach.

Ein Rollenspiel planen und spielen

1 Lies die Szenen und erzähle.

Szene	Wer?	Wo?	Was passiert?	Was wird gesprochen?	Requisiten/ Kostüme
1	Igel	Haus des Igels	Igel geht zu seinem Steckrübenfeld.	Igel reckt und streckt sich, bewundert das schöne Wetter, spricht zu sich selbst: Ich könnte mir mal mein Steckrübenfeld anschauen.	Igelmaske, Kulisse Haus (Tische, Stühle, Decken), Steckrübenfeld (großes Tuch)
2	Igel und Hase	Vor dem Steckrübenfeld	Sie schließen eine Wette ab.	...	...
3	Igel und Igelfrau	Haus des Igels	Igelfrau zieht sich so an wie ihr Mann.		
4	Hase und Igel	Am Anfang eines Ackers	Der Wettlauf beginnt. Igel läuft nur drei Schritte und versteckt sich in Furche.		
5	Hase und Igelfrau	Am Ende eines Ackers	Igelfrau ruft: Ich bin schon da!		
6	Igel und Igelfrau	Auf dem Weg nach Hause	Igel und Igelfrau gehen mit Taler und Flasche fröhlich nach Hause.		

Rollenspiel:
- Text lesen
- Rollen verteilen
- Szenen ausprobieren
- Szenen mit Gestik, Mimik und Stimme gestalten
- Requisiten und Kostüme besorgen

In einem Rollenspiel spiele ich eine andere Person.

2 Plant das Rollenspiel.

3 Spielt das Rollenspiel vor. Gebt euch Rückmeldung.

Sprechen und zuhören — zu anderen sprechen: sprecherische Mittel gezielt verwenden (Intonation, Körpersprache); szenisch spielen: sich in eine Rolle hineinversetzen und sie gestalten — > Rückmeldung geben, S. 126

Im Sommer

Mit Adjektiven beschreiben

1 Erzähle.

2 Sammele Adjektive zu den Bildern.

3 Bilde mit den Nomen und Adjektiven zusammengesetzte Adjektive.
Schreibe so: die Feder, weich — federweich, ...

| Feder   Watte   Kugel   Feuer   Knall | hart   rot   leicht   rund   weich |

4 Bilde weitere zusammengesetzte Adjektive.

5 Schreibe den Text ab. Markiere die Adjektive.

> Max und Pia sind zwei abenteuerlustige Freunde.
> Pia ist bärenstark und Max kann
> blitzschnell kombinieren. Zusammen lösen sie
> oft geheimnisvolle Rätsel.
> In diesem Sommer entdecken sie
> vor ihrem Baumhaus kreisrunde Zeichen
> in einem Maisfeld. Wie sind sie dort
> bloß hingekommen? ...

Zusammengesetzte Adjektive in Geschichten sind supertoll!

6 Schreibe die Geschichte aus **5** weiter.
Verwende auch zusammengesetzte Adjektive.

7 Nehmt eure Texte unter die Lupe.

S. 130

122 Texte verfassen · an Wörtern/Texten arbeiten: Wörter sammeln; Möglichkeiten der Wortbildung kennen und nutzen (zusammengesetzte Adjektive) · > Textlupe, S. 130

Ein Gedicht untersuchen und gestalten

1 Lest das Gedicht (Rondell). Was fällt euch auf?

> **Sommer**
> Es ist warm und sommerlich.
> Die Sonne strahlt goldgelb herab.
> Watteweiche Wolken ziehen am Himmel.
> Es ist warm und sommerlich.
> Zuckersüße Kirschen reifen an den Bäumen.
> Überall wachsen kunterbunte Blumen.
> Es ist warm und sommerlich.
> Die Sonne strahlt goldgelb herab.
>
> Astrid Eichmeyer

2 Wie ist ein Rondell aufgebaut? Zeichne.

> Ein Rondell ist ein Gedicht mit einem bestimmten Aufbau.

3 Warum ist das Rondell ein Gedicht?

4 Sammele Ideen mit einem Brainstorming. Schreibe ein eigenes Rondell.

S. 128

5 Gestalte dein Gedicht. Du kannst den PC nutzen.

S. 131

6 Übe den Gedichtvortrag mit einem Aufnahmegerät.

7 Präsentiere dein Gedicht.

Texte verfassen | Texte planen: sprachliche und gestalterische Mittel und Ideen sammeln; Texte schreiben: nach Mustern schreiben (Rondell); Arbeitstechnik kennen: Brainstorming nutzen | > Brainstorming, S. 128
> Veröffentlichen, S. 131

Kooperative Lernformen

Ich – du – wir

1. Ich arbeite alleine.
2. Ich tausche mich mit einem Partnerkind aus.
3. Wir sprechen über unsere Ergebnisse in der Gruppe.
4. Wir ergänzen.
5. Ich arbeite mit den Ideen weiter.

Partnerarbeit

1. Wir arbeiten gemeinsam und helfen uns.
2. Wir sprechen in Flüstersprache.
3. Wir halten die Gesprächsregeln ein.
4. Wir sind beide für das Ergebnis der Partnerarbeit verantwortlich.

Gruppenarbeit

1. Wir bilden eine Gruppe.
2. Wir wählen ein Thema aus.
3. Wir überlegen, wer präsentiert und wer mitschreibt.
4. Wir arbeiten gemeinsam und helfen uns.
5. Wir sprechen in Flüstersprache.
6. Wir halten die Gesprächsregeln ein.
7. Wir sind alle für das Ergebnis der Gruppenarbeit verantwortlich.

Methoden und Arbeitstechniken | Arbeitstechnik kennenlernen: Partnerarbeit und Gruppenarbeit nutzen

Kooperative Lernformen/Arbeit am Computer

5-Finger-Methode

1. Ich zeichne meine Hand auf ein Blatt.
2. Ich sammele Ideen.
3. Ich schreibe sie in die Finger.
4. Ich vergleiche mit einem Partnerkind.
5. Ich arbeite mit den Ideen weiter.

Placemat

1. Wir bilden eine Gruppe.
2. Wir nehmen uns eine Placemat-Vorlage.
3. Ich überlege zuerst alleine und schreibe meine Vorschläge in das Feld vor mir.
4. Nachdem wir alle etwas geschrieben haben, stehen wir auf und lesen die Vorschläge der anderen.
5. Wir besprechen unsere Vorschläge.
6. Wir einigen uns auf ein Ergebnis.

Arbeit mit dem Computer

– Wir arbeiten am Computer gemeinsam und helfen uns.
– Wir wechseln uns ab.

Am Computer kann ich schreiben, gestalten und recherchieren.

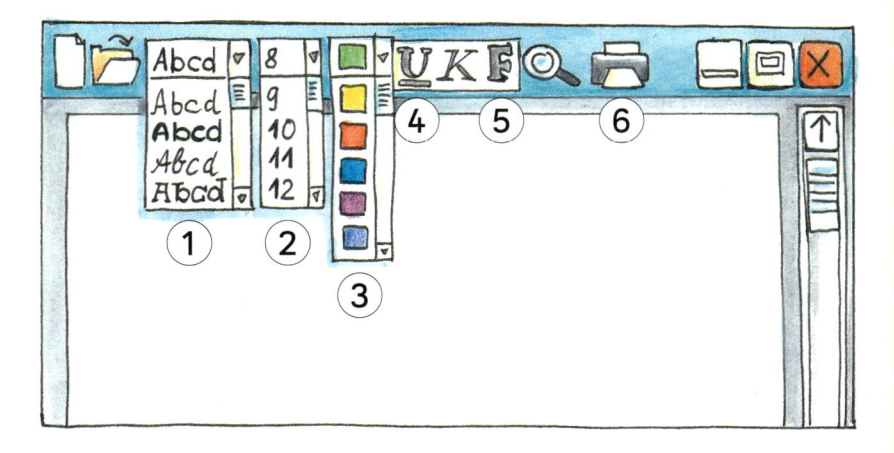

1. Schrift
2. Schriftgröße
3. Farbe
4. Unterstreichen
5. Fett
6. Drucken

Sprechen und zuhören

Murmelrunde

1. Ich denke über ein Thema nach.
2. Ich tausche mich mit anderen Kindern aus.
3. Ich spreche dabei in Flüstersprache.
4. Ich arbeite mit den Ideen weiter.

Gesprächsregeln

<u>Erzählregeln</u>

- Ich melde mich.
- Ich schaue die Zuhörer an.
- Ich spreche laut und deutlich.
- Ich bleibe beim Thema.
- Ich beantworte Fragen.
- Ich lasse andere ausreden.
- Ich gebe das Wort weiter, wenn ich fertig bin.

<u>Zuhörregeln</u>

- Ich höre zu und verhalte mich ruhig.
- Ich schaue den Erzähler freundlich an.
- Ich denke mit.
- Ich gebe Rückmeldungen.

Rückmeldung geben

- Ich bin höflich und lobe.
- Ich gebe Tipps zur Verbesserung.
- Ich begründe meine Meinung.

  - 😊 Mir gefällt ...
  - 😐 Du könntest noch etwas verbessern.
  - Tipp Ich gebe dir den Tipp ...

Ich finde die Geschichte sehr spannend.

Deine Satzanfänge sind alle gleich.

Methoden und Arbeitstechniken | über Lernen sprechen: über Lernerfahrungen sprechen und andere in ihren Lernprozessen unterstützen

Über Lernen sprechen

Über Lernen sprechen/Reflektieren

– Ich beurteile meine/unsere Arbeit.
– Ich sage, wie ich mich beim Lernen gefühlt habe.
– Ich beginne Sätze mit ICH oder MIR, wenn ich Rückmeldungen gebe.
– Ich begründe meine Meinung.

🙂	Ich bin sehr zufrieden.
😐	Ich könnte noch etwas verbessern.
Tipp	Ich nehme mir etwas vor …

Was nimmst du dir für deine nächste Partnerarbeit vor?

Und wie war das Lernen bei euch?

Das kann ich jetzt/Mein Portfolio

– Am Ende des Kapitels wiederhole ich, was ich gelernt habe.
– Ich überlege, was ich gut kann und was ich noch üben möchte.
– Ich schreibe alles über mich und mein Lernen auf.
– Ich arbeite im Arbeitsheft oder in meinem Portfolio.
– Ich denke mir eigene Aufgaben aus.

So schätze ich mich selbst ein: …
Das habe ich gelernt: …
Das kann ich jetzt: …
Das muss ich noch üben: …
Das nehme ich mir vor: …
Daran will ich weiterarbeiten: …
Das mache ich gerne: ….

Nomen kann ich erkennen, aber Artikel finde ich schwer.

Texte verfassen

Texte planen – Schreibziel

Was schreibe ich?

Für mich? Für andere Kinder?

Anleitung, Einladung, Geschichte, Postkarte?

Texte planen – Brainstorming

Mit einem Brainstorming sammelt man Gedanken.

1. Ich male einen Kreis und schreibe ein Thema hinein.
2. Ich sammele Ideen und schreibe sie dazu.

Texte planen – Ideenblitze

Ideenblitze helfen mir, eine Geschichte zu planen.

1. Ich sammele Ideen und schreibe sie auf.
2. Ich wähle aus, welche Ideen ich für meine Geschichte brauche.

Waldhütte

Tim hat sich versteckt.

Texte planen – Schreibplan

a) Ich entscheide mich für eine Schreibidee.

b) Ich notiere meine Schreibidee und schreibe Ideenblitze.

c) Ich plane einen Text und schreibe einen Schreibplan.

d) Ich schreibe meine Geschichte.

e) Ich finde eine passende Überschrift.

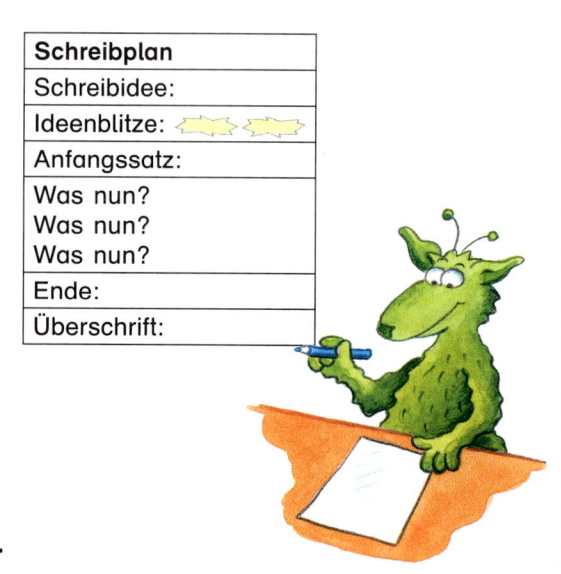

Schreibplan
Schreibidee:
Ideenblitze:
Anfangssatz:
Was nun? Was nun? Was nun?
Ende:
Überschrift:

Texte verfassen

Texte schreiben – Textaufbau

Brief
- Ort und Datum (rechts oben)
- Anrede
- Anredepronomen (du/Sie)
- Grußformel
- Unterschrift

In einem Brief schreibst du auch von dir selbst.

Lügengeschichte
- Sammele mit den Ideenblitzen Ideen/Dinge, die erlogen, übertrieben oder unlogisch sind.
- Plane deine Geschichte mit einem Schreibplan.
- Schreibe in der ich-Form.
- Schreibe in ganzen Sätzen.
- Schreibe in einer Zeitform.

Nacherzählung
- Schreibe in eigenen Worten.
- Schreibe nicht ab.
- Schreibe im Präteritum.
- Nenne die wichtigsten Dinge.
- Verändere die Geschichte nicht.
- Beachte die Reihenfolge der Ereignisse.

Beschreibung
- Beschreibe möglichst genau.
- Beschreibe nur das, was du siehst.
- Beschreibe das, was besonders auffällig ist.
- Halte eine sinnvolle Reihenfolge ein.
- Benutze treffende Wörter und Fachausdrücke.
- Schreibe im Präsens.

Steckbrief
- Schreibe Stichwörter auf.
- Halte eine sinnvolle Reihenfolge ein.
- Benutze treffende Wörter und Fachausdrücke.
- Schreibe zum Schluss das Besondere auf.

Märchen
- Sammele Ideen für dein Märchen mit den Märchenkarten.
- Schreibe in deiner Einleitung: *Wer? Wo? Wann? Was passiert?*
- Schreibe im Hauptteil ausführlich und mit treffenden Ausdrücken.
- Verwende die Märchenmerkmale.
- Finde einen passenden Märchenschluss.
- Schreibe in ganzen Sätzen.
- Schreibe im Präteritum.

Texte verfassen

Texte schreiben – Formulieren

Textsorte beachten	roten Faden beachten
vollständige Sätze schreiben	Zeitform einhalten
Wortwiederholungen vermeiden	passende Überschrift finden

Texte überarbeiten – Textlupen

So nehmen wir einen Text unter die Lupe:

1. Wir arbeiten in 3er-Gruppen.
2. Jedes Kind hat den Text. Die Tabelle brauchen wir nur einmal.
3. Ein Kind liest vor. Die anderen Kinder lesen leise mit.
4. Ein Kind füllt die Tabelle aus und gibt sie weiter.
5. Die anderen Kinder markieren in dieser Zeit im Text die Auffälligkeiten. Sie überlegen sich Lösungen.
6. Wenn alle Kinder die Tabelle ausgefüllt haben, liest ein Kind vor.
7. Nun wird der Text in Gruppenarbeit überarbeitet. Dabei muss jeder schreiben.

- **T** — **T**extsorte beachtet?
- **R** — Sinnvolle **R**eihenfolge/Roter Faden?
- **S** — Vollständige **S**ätze?
- **W** — **W**iederholungen?
- **Z** — **Z**eitform?
- **Ü** — Passende **Ü**berschrift?

Namen der Textforscher	Das finde ich gut.	Dazu habe ich Fragen. Hier fällt mir etwas auf.	Tipps …

Methoden und Arbeitstechniken

Texte schreiben: sprachliche Mittel verwenden; Texte überarbeiten: Texte an der Schreibaufgabe überprüfen; Arbeitstechniken nutzen: Textlupen anwenden

Texte verfassen

Texte überarbeiten – So kannst du Texte auch überarbeiten

Umstellen

– einen Satz umstellen
– andere Satzanfänge finden
– das Wichtige steht vorne

Alexander spielt im Garten Fußball <u>mit seinen Freunden</u>.

<u>Mit seinen Freunden</u> spielt Alexander im Garten Fußball.

Streichen

– Überflüssiges und Falsches streichen

Ich gehe gern zur Schule.
Dort ~~hatte~~ habe ich viele Freunde.

~~Mein Vater ist ein Maler.~~

Mein Lieblingsfach ist Deutsch.

Ersetzen

– falsche Zeitform ersetzen oder Wortwiederholungen vermeiden

Jana las ein Buch und ~~isst~~ aß Brot.
~~Jana~~ Sie spielte mit ihren Freunden.

oder

~~Jana~~ Später spielte ~~sie~~ mit ihren Freunden.

Ergänzen

– Sätze verbinden

Im Affenhaus ist Lärm.
Die Affen schreien.

Im Affenhaus ist Lärm, weil die Affen schreien.

– Sätze verlängern
– z. B. Spannendes einfügen
– ausführlicher schreiben

Texte präsentieren – Veröffentlichen

Wenn du mit deinem Text zufrieden bist,
kannst du ihn veröffentlichen.
Schreibe ihn mit dem Computer,
gestalte ein Schmuckblatt
oder schreibe ihn in ein Geschichtenheft.
Du kannst den Text auch vorlesen
oder ein Bild dazu malen.

Methoden und Arbeitstechniken

Texte überarbeiten: an Sätzen arbeiten;
Texte präsentieren: einen Text für die Veröffentlichung aufbereiten

Texte verfassen

Texte präsentieren – Plakat

– Schreibe das Thema als Überschrift groß und farbig oben in die Mitte des Plakates.

– Überlege dir, wie viel Platz ein Thema braucht und teile das Plakat mit dünnen Bleistiftlinien ein.

– Schreibe Stichwörter zu den Oberbegriffen auf.

– Die Schrift muss gut lesbar sein.

– Du kannst auch alles mit dem PC schreiben und Texte aufkleben.

– Kontrolliere die Rechtschreibung.

– Klebe passende Zeichnungen oder Bilder dazu.

Texte präsentieren – Spickzettel (Stichwörter sammeln)

– Informiere dich zu deinem Thema und finde Oberbegriffe.

– Bringe sie in eine sinnvolle Reihenfolge.

– Schreibe dir Stichwörter dazu auf, keine Sätze.

– Schreibe dir den Einleitungssatz zu deinem Vortrag auf.

– Schreibe dir den Schlusssatz zu deinem Vortrag auf.

Texte präsentieren – Vortrag

<u>Vor dem Vortrag …</u>

– suche ich Informationen und ordne sie mit Karten,

– gestalte ich mein Plakat,

– schreibe ich einen Spickzettel, Einleitungssatz und Schlusssatz,

– übe ich den Vortrag mit einem Partnerkind oder vor einem Spiegel,

– ordne ich meine Materialien und lege sie mir bereit.

<u>Während des Vortrags …</u>

– spreche ich laut und deutlich und mache Pausen,

– schaue ich meine Zuhörer an und zeige z. B. etwas am Plakat.

<u>Nach dem Vortrag …</u>

– antworte ich auf Fragen und hole Rückmeldungen ein.

Richtig schreiben

Rechtschreibgespräch

1. Ich habe ein Rechtschreibproblem.
2. Ich berate mich mit anderen Kindern.
3. Wir sprechen über Aufpass-Stellen und erklären sie.

Sternenforscher

Geschriebene Wörter untersuchen

– Ich lese das Wort mit Silbenbögen.

– Ich spreche genau mit.

– Ich markiere die Aufpass-Stellen.

– Ich führe ein Rechtschreibgespräch.

Selber richtig schreiben

– Ich spreche in Silben genau mit.

– Ich entdecke eine Aufpass-Stelle und wende eine Strategie an.

– Ich beachte die Großschreibung.

– Ich achte auf Wortbausteine.

Abschreiben

1. Ich lese.
2. Ich verdecke einen Teil und merke ihn mir.
3. Ich schreibe und spreche dabei genau mit.
4. Ich kontrolliere.

Richtig schreiben

Partnerdiktat

1. Ich diktiere und beobachte mein Partnerkind beim Schreiben.
2. Mein Partnerkind schreibt und spricht leise mit.
3. Bei einem Fehler sage ich: „Stopp!"
4. Wir sprechen darüber und verbessern den Fehler.
5. Wir wechseln uns ab.

Nachschlagen

- Wenn ich ein Wort nicht finden kann, überlege ich, ob es einen anderen Anfangsbuchstaben haben könnte.
- Nomen finde ich in der Einzahl.
- Verben und Adjektive finde ich in der Grundform.
- Wenn der erste Buchstabe gleich ist, schaue ich mir die nächsten Buchstaben an.

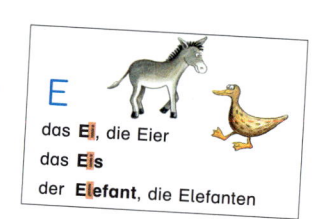

E
das **Ei**, die Eier
das **Eis**
der **Elefant**, die Elefanten

Merkwörter üben

Ich suche die Merkwörter in der Wörterliste. verkaufen, S. 145 Hai, S. 138	Ich ordne die Merkwörter nach dem Abc. Hahn Hai Käse verkaufen	Ich schreibe meine schwierigen Wörter auf. Ich benutze **Hai** verschiedene Farben und Formen. verkaufen **Käfer**
Wörterschnecke Ich schreibe die Wörter mehrfach.	**Spinnennetz** Ich schreibe die Wörter mehrfach.	**Meine eigene Idee:**

Methoden und Arbeitstechniken

Arbeitstechniken kennenlernen: mit dem Partnerdiktat arbeiten, Wörterliste nutzen; Rechtschreibstrategien anwenden: Merken

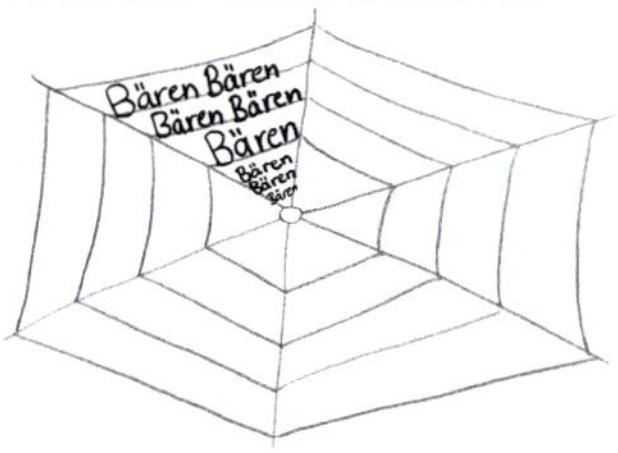

Wörterliste

A

der **Aal**, die Aale
das **Aas**
abends
das **Abenteuer**, die Abenteuer
abenteuerlich
der **Advent**
ähnlich
der **Albtraum**, die Albträume
alt, älter, am ältesten
anders
anfangen, er fängt an,
er fing an, er hat angefangen
die **Angel**, die Angeln
die **Angst**, die Ängste
ängstlich
anstatt
der **Apfel**, die Äpfel
die **Apfelsine**, die Apfelsinen
der **Ärger**
ärgerlich
ärgern, er ärgert
artig
der **Ast**, die Äste
ausreichend
das **Auto**, die Autos
die **Axt**, die Äxte

B

der **Bach**, die Bäche
backen, er backt
die **Bäckerei**, die Bäckereien
die **Bahn**, die Bahnen
der **Ball**, die Bälle
der **Ballon**, die Ballons
das **Band**, die Bänder
der **Bär**, die Bären
bauen, sie baut
der **Bauernhof**, die Bauernhöfe
der **Baum**, die Bäume
die **Beere**, die Beeren
das **Beet**, die Beete
sich **befinden**, es befindet sich,
es befand sich,
es hat sich befunden
der **Beginn**, die Beginne
beginnen, es beginnt,
es begann, es hat begonnen
der **Begriff**, die Begriffe
begrüßen, er begrüßt
das **Bein**, die Beine
beißen, es beißt, es biss,
es hat gebissen
bekommen, es bekommt,
es bekam, es hat bekommen
bellen, er bellt
das **Benzin**
bequem
der **Berg**, die Berge
beschließen,
er beschließt, er beschloss,
er hat beschlossen
bestimmen, sie bestimmt
besuchen, sie besucht
der **Betrieb**, die Betriebe
das **Bett**, die Betten
die **Beule**, die Beulen
bevor
der **Biber**, die Biber
biegen, er biegt, er bog,
er hat gebogen
die **Biene**, die Bienen
billig
binden, er bindet, er band,
er hat gebunden
die **Birne**, die Birnen

	bissig
	bitten, sie bittet, sie bat, sie hat gebeten
das	**Blatt**, die Blätter
	bleiben, er bleibt, er blieb, er ist geblieben
	blind
der	**Blitz**, die Blitze
der	**Bogen**, die Bögen
das	**Bonbon**, die Bonbons
das	**Boot**, die Boote
die	**Box**, die Boxen
	boxen, du boxt
der	**Boxer**, die Boxer
der	**Brand**, die Brände
	breit, breiter, am breitesten
	bremsen, sie bremst
das	**Brett**, die Bretter
	bringen, er bringt, er brachte, er hat gebracht
	brüllen, es brüllt
	brummen, er brummt
das	**Buch**, die Bücher
sich	**bücken**, er bückt sich
	bunt, bunter, am buntesten
die	**Burg**, die Burgen
der	**Busfahrer**, die Busfahrer
die	**Butter**

C

| das | **Chaos** |
| der | **Computer**, die Computer |

D

der	**Dampf**, die Dämpfe
die	**Dankbarkeit**
	dann
	davon
	davor
der	**Delfin**, die Delfine
	denken, sie denkt, sie dachte, sie hat gedacht
	denn
	doof
die	**Dose**, die Dosen
	dreckig
	drehen, er dreht
	dumm
die	**Dummheit**
die	**Dunkelheit**
	dünn
	durch
	durcheinander
	dürfen, er darf, er durfte, er hat gedurft
der	**Durst**
	durstig

E

	eckig
	ehren, sie ehrt
	ehrlich
die	**Ehrlichkeit**
das	**Ei**, die Eier
die	**Eiche**, die Eichen
der	**Eimer**, die Eimer
	einige
	einladen, er lädt ein, er lud ein, er hat eingeladen
die	**Eltern**
	empfehlen, sie empfiehlt, sie empfahl, sie hat empfohlen
das	**Ende**, die Enden
die	**Ente**, die Enten
	enttäuschen, es enttäuscht

die	**Erdbeere**, die Erdbeeren	die	**Fliege**, die Fliegen
die	**Erde**		**fliegen**, sie fliegt, sie flog, sie ist geflogen

die **Erdbeere**, die Erdbeeren
die **Erde**
erfinden, er erfindet,
er erfand, er hat erfunden
erfolgreich
erleben, sie erlebt
das **Erlebnis**, die Erlebnisse
erwachen, sie erwacht
erzählen, sie erzählt
essen, er isst, er aß,
er hat gegessen
ewig

F

die **Fahne**, die Fahnen
fahren, sie fährt, sie fuhr,
sie ist gefahren
das **Fahrrad**, die Fahrräder
die **Fahrt**, die Fahrten
fallen, er fällt, er fiel,
er ist gefallen
die **Familie**, die Familien
fangen, er fängt, er fing,
er hat gefangen
die **Fee**, die Feen
fegen, er fegt
fehlen, es fehlt
der **Fehler**, die Fehler
das **Feld**, die Felder
das **Fell**, die Felle
das **Fenster**, die Fenster
das **Feuer**, die Feuer
fies, fieser, am fiesesten
finden, er findet, er fand,
er hat gefunden
der **Fleiß**
fleißig
flexibel

die **Fliege**, die Fliegen
fliegen, sie fliegt,
sie flog,
sie ist geflogen
das **Floß**, die Flöße
der **Flug**, die Flüge
der **Flughafen**, die Flughäfen
das **Flugzeug**, die Flugzeuge
der **Fluss**, die Flüsse
flüstern, sie flüstert
das **Fohlen**, die Fohlen
fragen, sie fragt
die **Fratze**, die Fratzen
frei
die **Freiheit**, die Freiheiten
fremd
fressen, es frisst, es fraß,
es hat gefressen
die **Freude**, die Freuden
sich **freuen**, du freust dich
der **Freund**, die Freunde
die **Freundin**, die Freundinnen
freundlich
der **Frieden**
fröhlich
die **Fröhlichkeit**
fühlen, er fühlt
führen, er führt
der **Füller**, die Füller
füttern, er füttert
der **Fuß**, die Füße

G

die **Gans**, die Gänse
ganz
die **Garage**, die Garagen
die **Gardine**, die Gardinen
der **Garten**, die Gärten

	geben, sie gibt, sie gab, sie hat gegeben
das	**Gebiss**, die Gebisse
die	**Gefahr**, die Gefahren
	gefährlich
	gefallen, es gefällt, es gefiel, es hat gefallen
die	**Gefälligkeit**, die Gefälligkeiten
das	**Geheimnis**, die Geheimnisse
	gehen, er geht, er ging, er ist gegangen
	gelb
die	**Gemeinheit**
	gemütlich
das	**Genie**, die Genies
das	**Geräusch**, die Geräusche
die	**Geschichte**, die Geschichten
das	**Gespenst**, die Gespenster
	gießen, er gießt, er goss, er hat gegossen
der	**Glanz**
die	**Glatze**, die Glatzen
	gleiten, er gleitet, er glitt, er ist geglitten
das	**Glück**
	glücklich
das	**Gras**, die Gräser
	greifen, sie greift, sie griff, sie hat gegriffen
der	**Griff**, die Griffe
	grimmig
	groß, größer, am größten
der	**Gruß**, die Grüße
	gut, besser, am besten

H

das	**Haar**, die Haare
	haben, sie hat, sie hatte, sie hat gehabt
der	**Hahn**, die Hähne
der	**Hai**, die Haie
	halb
	halbieren, sie halbiert
die	**Hälfte**, die Hälften
der	**Hals**, die Hälse
	halten, er hält, du hältst, er hielt, er hat gehalten
die	**Hand**, die Hände
der	**Hang**, die Hänge
	hängen, sie hängt
	harken, er harkt
	hart, härter, am härtesten
der	**Hase**, die Hasen
das	**Haus**, die Häuser
	hausen, er haust
	heben, sie hebt, sie hob, sie hat gehoben
die	**Hecke**, die Hecken
	heftig
	heimlich
die	**Heimlichkeit**
	heiß, heißer, am heißesten
	heißen, er heißt, er hieß, er hat geheißen
	helfen, sie hilft, sie half, sie hat geholfen
	hell
	herzlich
das	**Heu**
	hinken, sie hinkt
	hinter
	hinterher
	hoch, höher, am höchsten

die **Höhle**, die Höhlen
holen, er holt
hören, sie hört
die **Hose**, die Hosen
der **Hubschrauber**,
die Hubschrauber
das **Huhn**, die Hühner
der **Hund**, die Hunde
der **Hunger**
hupen, er hupt
hüpfen, sie hüpft
der **Hut**, die Hüte
die **Hyäne**, die Hyänen
der **Hydrant**, die Hydranten
die **Hygiene**
die **Hymne**, die Hymnen

I

die **Idee**, die Ideen
ihm
ihn
ihnen
ihr
ihre
ihrem
ihren
ihrer
das **Interview**, die Interviews

J

die **Jacke**, die Jacken
jagen, er jagt
der **Jäger**, die Jäger
das **Jahr**, die Jahre
die **Jeans**
jetzt
der **Jux**, die Juxe

K

die **Kabine**, die Kabinen
der **Kadaver**, die Kadaver
der **Käfig**, die Käfige
der **Kaiser**, die Kaiser
das **Kalb**, die Kälber
kalt, kälter, am kältesten
der **Kamin**, die Kamine
der **Kamm**, die Kämme
der **Kampf**, die Kämpfe
das **Kaninchen**, die Kaninchen
das **Karussell**, die Karussells
der **Käse**
die **Katze**, die Katzen
kaufen, sie kauft
die **Kehle**, die Kehlen
der **Keks**, die Kekse
die **Kelle**, die Kellen
das **Kind**, die Kinder
die **Kiwi**, die Kiwis
klappen, es klappt
die **Klasse**, die Klassen
das **Klavier**, die Klaviere
kleben, es klebt
der **Klee**
klein
die **Kleinigkeit**
klemmen, er klemmt
klettern, sie klettert
der **Kloß**, die Klöße
knallen, sie knallt
knurren, er knurrt
die **Kohle**, die Kohlen
kommen, er kommt,
er kam, er ist gekommen
können, sie kann,
sie konnte, sie hat gekonnt

der **Kopfschmerz**,
die Kopfschmerzen
der **Korb**, die Körbe
kräftig
die **Krankheit**
kratzen, es kratzt
der **Kreis**, die Kreise
kriechen, es kriecht,
es kroch, es ist gekrochen
das **Krokodil**, die Krokodile
der **Kuchen**, die Kuchen
die **Kuhle**, die Kuhlen
der **Kurs**, die Kurse
kuschelig
die **Kusine**, die Kusinen
der **Kuss**, die Küsse

L

lachen, sie lacht
der **Laib** (Brot), die Laibe
der **Laich** (Frosch), die Laiche
das **Lamm**, die Lämmer
das **Land**, die Länder
lang, länger, am längsten
die **Langeweile**
langweilig
lassen, er lässt, er ließ,
er hat gelassen
laufen, sie läuft, sie lief,
sie ist gelaufen
laut, lauter, am lautesten
die **Lawine**, die Lawinen
leben, sie lebt
legen, er legt
der **Lehrer**, die Lehrer
die **Lehrerin**, die Lehrerinnen
leicht, leichter, am leichtesten
die **Leiter**, die Leitern

lernen, sie lernt
lesen, er liest, er las,
er hat gelesen
leserlich
das **Lexikon**, die Lexika
lieb
lieben, sie liebt
der **Liebling**, die Lieblinge
liegen, er liegt, er lag,
er hat gelegen
die **Linse**, die Linsen
die **Liste**, die Listen
der **Liter**, die Liter
loben, er lobt
das **Loch**, die Löcher
der **Löffel**, die Löffel
die **Luft**, die Lüfte
lügen, er lügt, er log,
er hat gelogen
lustig
der **Luxus**

M

die **Macht**, die Mächte
mächtig
das **Mädchen**, die Mädchen
mähen, er mäht
das **Mahl**, die Mahle
der **Mai**
der **Mais**
malen, sie malt
die **Mandarine**, die Mandarinen
der **Mann**, die Männer
der **Mantel**, die Mäntel
das **Märchen**, die Märchen
die **Margarine**, die Margarinen
die **Marke**, die Marken
die **Maschine**, die Maschinen

die	**Matte**, die Matten	
die	**Maus**, die Mäuse	
die	**Medaille**, die Medaillen	
die	**Medizin**	
das	**Meer**, die Meere	
das	**Mehl**	
	mehr	
die	**Meise**, die Meisen	
	meinen, er meint	
die	**Meinung**, die Meinungen	
	messen, sie misst, sie maß, sie hat gemessen	
das	**Mikado**, die Mikados	
	mixen, du mixt	
der	**Monitor**, die Monitore	
das	**Moor**, die Moore	
das	**Moos**, die Moose	
die	**Müdigkeit**	
	murren, sie murrt	
der	**Mut**	
	mutig	

N

die	**Nacht**, die Nächte	
	nah, näher, am nächsten	
die	**Naht**, die Nähte	
	nämlich	
die	**Nase**, die Nasen	
	nehmen, er nimmt, er nahm, er hat genommen	
die	**Nektarine**, die Nektarinen	
	nett, netter, am nettesten	
	neu, neuer, am neuesten	
	neugierig	
	niesen, sie niest	
der	**November**	
	nur	
die	**Nuss**, die Nüsse	

O

	öffnen, sie öffnet	
	oft	
das	**Ohr**, die Ohren	
die	**Oma**, die Omas	
der	**Onkel**, die Onkel	

P

das	**Paar**, die Paare	
	packen, er packt	
das	**Paket**, die Pakete	
das	**Papyrus**, die Papyri	
	passieren, es passiert	
der	**Pelikan**, die Pelikane	
der	**Pfahl**, die Pfähle	
	pfeifen, sie pfeift, sie pfiff, sie hat gepfiffen	
das	**Pferd**, die Pferde	
	pflegen, sie pflegt	
die	**Pfütze**, die Pfützen	
der	**Pilot**, die Piloten	
der	**Pinguin**, die Pinguine	
der	**Pinsel**, die Pinsel	
die	**Pizza**, die Pizzas	
der	**Plan**, die Pläne	
	planen, er plant	
die	**Platte**, die Platten	
der	**Platz**, die Plätze	
	plötzlich	
der	**Polizist**, die Polizisten	
die	**Pommes frites**	
der	**Pool**, die Pools	
die	**Praline**, die Pralinen	
die	**Primel**, die Primeln	
das	**Pulver**, die Pulver	
der	**Punkt**, die Punkte	
	pünktlich	

putzen, er putzt
der Putzlappen, die Putzlappen
die Pyramide, die Pyramiden

Qu

quaken, er quakt
die Qualle, die Quallen
der Qualm
der Quark
der Quatsch
quatschen, er quatscht
die Quelle, die Quellen
quieken, es quiekt
quietschen, es quietscht

R

das Rad, die Räder
das Radio, die Radios
der Rahmen, die Rahmen
der Rasen
rasen, er rast
der Rat
ratlos
die Ratte, die Ratten
rauben, er raubt
der Räuber, die Räuber
der Rauch
die Räucherei, die Räuchereien
der Raum, die Räume
rauschen, es rauscht
rechnen, sie rechnet
die Rechnung, die Rechnungen
der Reifen, die Reifen
die Reise, die Reisen
reisen, sie reist
reißen, sie reißt,
sie riss,
sie hat gerissen

reiten, er reitet, er ritt,
er ist geritten
rennen, sie rennt,
sie rannte, sie ist gerannt
riechen, er riecht, er roch,
er hat gerochen
der Riegel, die Riegel
der Riese, die Riesen
das Riff, die Riffe
der Ring, die Ringe
das Rohr, die Rohre
die Rose, die Rosen
die Rosine, die Rosinen
rufen, sie ruft, sie rief,
sie hat gerufen
die Ruhe
ruhig
die Ruine, die Ruinen
rund, runder, am rundesten
die Rutsche, die Rutschen
rutschen, er rutscht

S

der Saal, die Säle
die Saat, die Saaten
die Säge, die Sägen
sagen, sie sagt
die Sahne
die Saite (Geige), die Saiten
der Salat, die Salate
das Salz, die Salze
satteln, sie sattelt
sauber
die Sauberkeit
saugen, er saugt
der Säugling, die Säuglinge
sausen, er saust
der Schädel, die Schädel

	schaffen, er schafft
	scharf
	schäumen, es schäumt
die	**Schere**, die Scheren
	schieben, er schiebt, er schob, er hat geschoben
das	**Schiff**, die Schiffe
	schimpfen, sie schimpft
der	**Schinken**, die Schinken
der	**Schirm**, die Schirme
	schlafen, er schläft, er schlief, er hat geschlafen
	schlapp
	schließen, er schließt, er schloss, er hat geschlossen
das	**Schloss**, die Schlösser
	schmollen, er schmollt
	schnappen, sie schnappt
der	**Schnee**
	schnell
die	**Schnelligkeit**
	schön
	schräg
der	**Schrank**, die Schränke
die	**Schraube**, die Schrauben
der	**Schreck**
	schrecklich
	schreiben, er schreibt, er schrieb, er hat geschrieben
	schreien, sie schreit, sie schrie, sie hat geschrien
der	**Schritt**, die Schritte
	schubsen, er schubst
der	**Schuh**, die Schuhe
	schütteln, er schüttelt
	schütten, sie schüttet
	schwer
die	**Schwester**, die Schwestern
	schwierig
die	**Schwierigkeit**
	schwimmen, er schwimmt, er schwamm, er ist geschwommen
der	**See**, die Seen
	sehen, sie sieht, sie sah, sie hat gesehen
das	**Seil**, die Seile
	sein, er ist, er war, er ist gewesen
der	**Shake**, die Shakes
das	**Shampoo**, die Shampoos
der	**Sheriff**, die Sheriffs
das	**Shirt**, die Shirts
der	**Shop**, die Shops
die	**Shorts**
die	**Show**, die Shows
die	**Sicherheit**
das	**Sieb**, die Siebe
die	**Silbe**, die Silben
	singen, sie singt, sie sang, sie hat gesungen
der	**Sinn**, die Sinne
der	**Sitz**, die Sitze
	sitzen, sie sitzt, sie saß, sie hat gesessen
der	**Sohn**, die Söhne
	sollen, er soll
	sonnig
	spannend
	sparen, sie spart
	spät, später, am spätesten
der	**Spaß**, die Späße
der	**Speer**, die Speere
	speisen, er speist

spicken, sie spickt
der Spiegel, die Spiegel
das Spiel, die Spiele
spielen, er spielt
der Spieß, die Spieße
die Spinne, die Spinnen
spitz, spitzer, am spitzesten
sprachlich
sprechen, er spricht,
er sprach, er hat gesprochen
der Sprecher, die Sprecher
springen, sie springt,
sie sprang,
sie ist gesprungen
spucken, es spuckt
der Stab, die Stäbe
der Stahl
der Stamm, die Stämme
stark, stärker, am stärksten
starren, sie starrt
der Start, die Starts
stechen, sie sticht, sie stach,
sie hat gestochen
stehen, er steht, er stand,
er hat gestanden
steigen, er steigt, er stieg,
er ist gestiegen
der Stein, die Steine
stellen, sie stellt
der Stern, die Sterne
der Stiefel, die Stiefel
still
stimmen, es stimmt
stinken, es stinkt, es stank,
es hat gestunken
der Stoff, die Stoffe
stolpern, er stolpert
stoppen, er stoppt

stoßen, er stößt, er stieß,
er hat gestoßen
der Strahl, die Strahlen
der Strand, die Strände
die Straße, die Straßen
der Strauch, die Sträucher
der Strauß, die Sträuße
streicheln, sie streichelt
streiten, sie streitet,
sie stritt, sie hat gestritten
stricken, er strickt
der Stuhl, die Stühle
süß, süßer, am süßesten
suchen, sie sucht
summen, er summt
das Symbol, die Symbole
die Symmetrie, die Symmetrien
symmetrisch
die Sympathie, die Sympathien
synthetisch
das System, die Systeme
systematisch

T

der Tag, die Tage
das Tal, die Täler
die Tanne, die Tannen
die Tante, die Tanten
tanzen, er tanzt
die Tastatur, die Tastaturen
tauchen, er taucht
der Tausch
täuschen, er täuscht
das Taxi, die Taxis
der Tee, die Tees
der Teer, die Teere
der Termin, die Termine
der Text, die Texte

die **Textilien**
das **Theater**, die Theater
tief
das **Tier**, die Tiere
der **Tiger**, die Tiger
toll
das **Tor**, die Tore
die **Torte**, die Torten
die **Tour**, die Touren
tragen, sie trägt, sie trug,
sie hat getragen
das **Trampolin**, die Trampoline
die **Träne**, die Tränen
die **Traube**, die Trauben
träumen, sie träumt
traurig
treffen, er trifft, er traf,
er hat getroffen
treten, sie tritt, sie trat,
sie hat getreten
trinken, er trinkt, er trank,
er hat getrunken
der **Tritt**, die Tritte
der **Tropfen**, die Tropfen
die **Tür**, die Türen
türkis
typisch

U

üben, sie übt
über
überraschen, er überrascht
überzeugen, sie überzeugt
die **Uhr**, die Uhren
ungeduldig
unheimlich
die **Unsicherheit**
der **Urlaub**, die Urlaube

V

die **Vase**, die Vasen
der **Vater**, die Väter
sich **verabreden**,
er verabredet sich
verbessern, er verbessert
der **Verein**, die Vereine
verflixt
vergessen, sie vergisst,
sie vergaß,
sie hat vergessen
verkaufen, er verkauft
verlassen, sie verlässt,
sie verließ,
sie hat verlassen
sich **verlaufen**, er verläuft sich,
er verlief sich,
er hat sich verlaufen
verlieren, sie verliert,
sie verlor,
sie hat verloren
verpassen, er verpasst
sich **verständigen**,
er verständigt sich
verwandeln, er verwandelt
die **Verwandlung**,
die Verwandlungen
viel, mehr, am meisten
viele
vier
die **Villa**, die Villen
die **Violine**, die Violinen
das **Vitamin**, die Vitamine
der **Vogel**, die Vögel
voll
von
vor
das **Vorderbein**, die Vorderbeine

der **Vorhang**, die Vorhänge
vorher
vorlaufen, er läuft vor,
er lief vor, er ist vorgelaufen
vorsichtig
der **Vulkan**, die Vulkane

W

die **Waage**, die Waagen
die **Wahl**, die Wahlen
wählen, sie wählt
während
die **Waise** (elternloses Kind), **die** Waisen
der **Wald**, die Wälder
die **Wanderung**, die Wanderungen
wann
warten, er wartet
waschen, er wäscht, er wusch, er hat gewaschen
die **Waschmaschine**, die Waschmaschinen
das **Wasser**
weben, sie webt
der **Weg**, die Wege
weg – Ich laufe weg.
das **Weib**, die Weiber
weiß
die **Welt**, die Welten
werden, es wird, es wurde, es ist geworden
werfen, sie wirft, sie warf, sie hat geworfen
das **Werk**, die Werke
wichtig
wieder

die **Wiese**, die Wiesen
wild, wilder, am wildesten
windig
winken, er winkt
witzig, witziger, am witzigsten
wohnen, sie wohnt
der **Wolf**, die Wölfe
die **Wolke**, die Wolken
wollen, er will, er wollte, er hat gewollt
die **Wut**

X

das **Xylofon**, die Xylofone

Z

zählen, sie zählt
die **Zahl**, die Zahlen
der **Zahn**, die Zähne
der **Zaun**, die Zäune
die **Zecke**, die Zecken
zehn
zeigen, er zeigt
das **Zeug**
die **Ziege**, die Ziegen
ziehen, sie zieht, sie zog, sie hat gezogen
der **Zoo**, die Zoos
der **Zufall**, die Zufälle
der **Zug**, die Züge
die **Zwiebel**, die Zwiebeln
der **Zwilling**, die Zwillinge

Fachbegriffe

Adjektiv
Mit Adjektiven kannst du etwas genauer beschreiben.
Sie sagen, wie jemand oder etwas ist.
Adjektive haben eine Grundform. Adjektive kann man verändern.
Wie ist der Löwe? wild
wild – der wilde Löwe – Der Löwe ist wild.
Mit Adjektiven kann man vergleichen.
Sie verändern sich in der 1. und 2. Vergleichsstufe.
schnell, schneller, am schnellsten
warm, wärmer, am wärmsten

Alphabet (Abc)
Das Alphabet (Abc) hat 26 Buchstaben:
A B C D E F G H I J K L M N O P Q R S T U V W X Y Z
A, E, I, O und U sind Selbstlaute (Vokale).

Artikel (Begleiter)
Nomen (Substantive) haben einen passenden Begleiter.
Man nennt ihn Artikel (Begleiter).
der Hund, die Schule, das Tier
Es gibt **bestimmte** Artikel (Begleiter): der, die, das
Es gibt **unbestimmte** Artikel (Begleiter): ein, eine
der Stift – ein Stift, das Tier – ein Tier, die Schule – eine Schule

Doppellaute (Zwielaute)
Au/au, Ei/ei, Ai/ai, Eu/eu und Äu/äu sind Doppellaute (Zwielaute).
Sie bestehen aus zwei Selbstlauten.

Mitlaute (Konsonanten)
Alle Buchstaben im Abc, die keine Selbstlaute (Vokale) sind,
heißen Mitlaute (Konsonanten).

Nomen (Substantive)
Wörter für Menschen, Tiere, Pflanzen und Dinge heißen Nomen
(Substantive). Nomen schreibe ich groß.
Schule, Tier, Stift, ...
Es gibt auch Nomen für Gedanken und Gefühle.
die Wut, der Hunger, die Freude, ...

Die meisten Nomen gibt es in der **Einzahl** (Singular)
und in der **Mehrzahl** (Plural).
die Schule – die Schulen, das Tier – die Tiere, der Stift – die Stifte
Man kann Nomen zusammensetzen.
Damit kann man genauer beschreiben:
der Regen + der Bogen = der Regenbogen
waschen + die Maschine = die Waschmaschine
bunt + der Stift = der Buntstift

Pronomen
Nomen können durch Pronomen ersetzt werden:
ich, du, er, sie, es, wir, ihr, sie
Die Lehrerin fragt. Sie fragt.
Das Haus ist blau. Es ist blau.

Satz
Aus Wörtern kann man Sätze bilden.
Satzanfänge schreibt man groß.
Am Ende des Satzes steht ein **Satzschlusszeichen**.
Am Ende eines **Aussagesatz**es steht ein Punkt.
Momo sitzt am Computer.
Am Ende eines **Fragesatz**es steht ein Fragezeichen.
Wo bist du? Gehst du in den Zoo?
Am Ende eines **Ausrufesatz**es oder **Aufforderungssatz**es
steht ein Ausrufezeichen.
Lass das! Hilfe!

Satzglied
Ein Satz besteht aus Satzgliedern.
Ein Satzglied kann aus einem oder mehreren Wörtern bestehen.
Satzglieder kann man umstellen:
Nele war im Kino.   Im Kino war Nele.   War Nele im Kino?
Satzglieder kann man erfragen.
Satzglieder sind zum Beispiel:
Prädikat (Satzkern), Subjekt, Ortsangabe und Zeitangabe

Selbstlaute (Vokale)
a, e, i, o und u heißen Selbstlaute (Vokale).

Silben
Wörter kann man in Silben einteilen.
Ein Wort kann aus einer oder mehreren Silben bestehen.
Jede Silbe hat mindestens einen Selbstlaut (Vokal).

Umlaute
ö, ü und ä heißen Umlaute. Auch Umlaute sind Selbstlaute.

Verb
Wörter wie reiten, lesen, trinken heißen Verben.
Verben sagen, was jemand tut oder was geschieht.
Verben verändern sich im Satz. Es kommt darauf an, wer etwas tut.
Ich male. — Du malst. Er/Sie/Es malt. Wir malen. Ihr malt. Wir malen.
Die Grundform von Verben ist meist die wir-Form.
Im Wörterbuch stehen Verben in der Grundform (wir-Form).
wir schwingen — schwingen, du rennst — rennen
Es gibt regelmäßige und unregelmäßige Verben.
Die verschiedenen Endungen -e, -st, -t, -en sind Wortbausteine.
Manche Verben ändern im Wortstamm ihren Selbstlaut (Vokal).
wir tragen — du trägst, ich esse — du isst
Verben können in verschiedenen Zeitformen stehen:
Präsens, Präteritum, Perfekt.

Vorsilben
Vorangestellte Wortbausteine nennt man Vorsilben.
Sie verändern die Bedeutung von Wörtern.
fliegen: wegfliegen, mitfliegen, abfliegen

Wortbausteine
Wörter sind aus Wortbausteinen zusammengesetzt.
Wortbausteine können die Bedeutung von Wörtern verändern.

weg | fahr | en , mit | fahr | en

Wortfamilien
Wörter mit dem gleichen Wortstamm sind die Verwandten einer Wortfamilie.
lesen, Lesebuch, vorlesen, Leserin

Wortfeld

Alle Wörter, die eine ähnliche Bedeutung haben,
gehören zu einem Wortfeld.

gehen: rennen, laufen, schleichen, wandern, spazieren, ...

Wörtliche Rede

Das, was jemand sagt, nennt man wörtliche Rede.
Am Anfang/Ende der wörtlichen Rede stehen Anführungszeichen. „ "
Im Begleitsatz steht, wer spricht und wie gesprochen wird.
Nach dem Begleitsatz steht ein Doppelpunkt. :
Der Vater fragt: „Möchtest du noch Suppe?"

Wortstamm

Der Wortstamm ist der Teil des Wortes, der meistens gleich bleibt.

| lieb | Liebe, lieben, lieblich, ...

| lach | ich lache, du lachst, er/sie/es lacht, wir lachen, ...

Zeitformen

Zeitformen sind die Formen des Verbs,
mit denen man auf die Zeit hinweist.
Verben können in verschiedenen Zeitformen stehen.
Dabei kann sich der Wortstamm ändern.
Das **Präsens** (Gegenwartsform) zeigt an, dass jetzt etwas passiert.
Sie geht nach Hause. Er holt ein Spiel.
Verben können auch in Vergangenheitsformen stehen.
Wenn man etwas von früher schreibt, benutzt man das **Präteritum**.
Sie ging nach Hause. Er holte ein Spiel.
Wenn man etwas von früher erzählt, benutzt man das **Perfekt**.
Sie sind nach Hause gegangen. Er hat ein Spiel geholt.

Zusammengesetzte Nomen

Aus mehreren Wörtern kann man
zusammengesetzte Nomen (Substantive) bilden.

Regen + Bogen → Regenbogen
schreiben + Heft → Schreibheft
bunt + Specht → Buntspecht

Fachbegriffe — sprachliche Begriffe und Strukturen kennen

KARIBU Kompetenzen

Kapitel	Sprechen und Zuhören	Texte verfassen	Sprache untersuchen	Richtig schreiben
Ich allein und wir zusammen	zu anderen sprechen: erzählen, informieren; Gemeinsamkeiten und Unterschiede von Sprachen entdecken: Deutsch/Muttersprache; Gespräche führen: (gemeinsam entwickelte) Gesprächsregeln beachten	Texte planen: gestalterische Mittel und Schreibideen sammeln (Ideenblitze); Texte schreiben: nach Anregungen (Fotos) eigene Texte planen und schreiben – nach Mustern schreiben (Brief), adressaten- und funktionsgerecht schreiben	Wortarten bestimmen: Nomen kennen – Artikel kennen (unbestimmt, bestimmt); sprachliche Begriffe/Strukturen kennen und anwenden: Großschreibung, Einzahl/Mehrzahl von Nomen kennen – Artikel kennen – Zusammensetzungen (Nomen/Nomen) kennen und bilden – Satzschlusszeichen (Punkt, Fragezeichen), Satzart (Aussage-, Fragesatz) und Großschreibung am Satzanfang kennen – Alphabet kennen; an Wörtern arbeiten: Wörter nach dem Abc ordnen, mit Geheimschriften arbeiten	rechtschriftliche Kenntnisse anwenden: Selbstlaute, Umlaute, Zwielaute kennen – offene und geschlossene Silbe kennen; an Wörtern arbeiten: Wörter sammeln; Rechtschreibstrategien anwenden: Mitsprechen; rechtschreibwichtige Wörter kennen: Wörter mit h, r, ß, ck, tz, st, sp, Qu/qu und mit Doppelkonsonanten schreiben
Wortsalat und Sprachenmix A B C	Gemeinsamkeiten und Unterschiede von Sprachen entdecken: Deutsch – Fremdsprachen/Nachbarsprachen; zu anderen sprechen: Wirkung der Redeweise kennen (Redewendungen); Gemeinsamkeiten und Unterschiede von Sprache im Umfeld entdecken: Deutsch/Regionalsprachen; an Wörtern arbeiten: mit Sprache experimentieren und spielerisch umgehen; mit Sprache erkennen/erklären: Mehrdeutigkeit von über Lernen sprechen: über Lernerfahrungen sprechen (Gruppenarbeit); Arbeitstechniken nutzen (Teekesselchen); Übungsformen (Gruppenarbeit) nutzen	Texte planen: Schreibideen sammeln (Ideenblitze), mit dem Schreibplan arbeiten; Texte schreiben: nach Anregungen eigene Texte (Lügengeschichte) schreiben; Texte überarbeiten: Texte im Hinblick auf Vollständigkeit überarbeiten, Arbeitstechniken nutzen: Texte auf ihre Richtigkeit überprüfen (Textlupe)	sprachliche Begriffe/Strukturen kennen und anwenden: Adjektive kennen (Funktion, Flexion) – Satzglieder kennenlernen; an Sätzen arbeiten: sprachliche Operationen nutzen (umstellen)	rechtschriftliche Kenntnisse anwenden: Fremdwörter schreiben – Wörter mit Aus- und Inlautverhärtung schreiben; Rechtschreibhilfen verwenden: mit der Wörterliste arbeiten; Rechtschreibstrategien anwenden: Merken – Weiterschwingen; an Wörtern/Texten arbeiten
Lesemops und Bücherwurm	zu anderen sprechen: erzählen, informieren, argumentieren, Inhalte mit Fachbegriffen beschreiben (Merkmale eines Buches, Buchgenres) – beschreiben, sprachliche Mittel gezielt verwenden (Wortschatz: treffende Adjektive); Wörter sammeln: Placemat nutzen; über Lernen sprechen: über Lernerfahrungen, über Lösungswege (Placemat als Methode für Gruppenarbeit) sprechen; Gespräche führen: Gesprächsregeln beachten	Texte planen: Schreibsituation klären; Texte schreiben: nach Anregungen (Text) eigene Texte (Personenbeschreibung) planen und schreiben; Texte überarbeiten: Texte (fremde und eigene) überarbeiten, an der Schreibaufgabe überprüfen; Arbeitstechniken nutzen: Texte auf ihre Richtigkeit überprüfen (Textlupen)	sprachliche Begriffe/Strukturen kennen und anwenden: Personalpronomen nutzen – Personalformen des Verbs (regelmäßig) kennen – Vorsilbe, Wortstamm (Verb) bestimmen – Konjugation des Verbs (unregelmäßig) kennen; an Wörtern/Texten arbeiten: die Textproduktion unterstützen – Wörter strukturieren; Arbeitstechniken kennen: Wörterliste nutzen	rechtschriftliche Kenntnisse anwenden: Wörter mit Dehnungs-h schreiben – Wörter mit ä und äu schreiben, verwandte Wörter finden; Rechtschreibstrategien anwenden: Merken – Ableiten; an Wörtern arbeiten
Familienband und Gefühlskarussell	Gespräche führen: über Gefühle sprechen, die Beziehung zwischen Absicht und Wirkung untersuchen – über Verstehens- und Verständigungsprobleme sprechen – eigene Gefühle beschreiben; verstehend zuhören: Inhalte zuhörend verstehen; zu anderen sprechen: gemeinsam Anliegen und Konflikte diskutieren – gemeinsam nach Lösungen suchen – erzählen; szenisch spielen: Perspektiven einnehmen; Arbeitstechniken nutzen: methodisch sinnvoll abschreiben (Stichwortkarten); an Texten arbeiten: Wörter ordnen (roter Faden)	Texte planen: Schreibsituation klären, Schreibideen sammeln (Ideenblitze); Texte schreiben: nach Anregungen (Text) eigene Texte (Erlebniserzählung) schreiben; Texte überarbeiten/schreiben: Texte auf Verständlichkeit überprüfen, nach Anregungen schreiben; Arbeitstechniken nutzen: Texte auf ihre Richtigkeit überprüfen (Textlupen)	sprachliche Begriffe/Strukturen kennen und anwenden: Nomen (Abstrakta) und ihre Großschreibung kennenlernen – Wortbausteine (-heit, -keit, -ung) kennenlernen – Steigerung von Adjektiven kennenlernen – Adjektive (Funktionalität) kennenlernen; an Wörtern arbeiten: Möglichkeiten der Wortbildung kennen (Wortstamm)	rechtschriftliche Kenntnisse anwenden: Wörter mit Konsonantendoppelung schreiben; Rechtschreibstrategien anwenden: Weiterschwingen – Merken; rechtschreibwichtige Wörter kennen: Wörter mit V/v schreiben

Thema	zu anderen sprechen	Texte schreiben / planen	sprachliche Begriffe/Strukturen	rechtschriftliche Kenntnisse
Medienspaß und Technikwunder	zu anderen sprechen: Sprechbeiträge für Gesprächssituationen situationsangemessen planen, Wirkung der Redeweise kennen und beachten – argumentieren – Gespräche situationsangemessen planen (Zustimmung/Ablehnung) – artikuliert und an der gesprochenen Standardsprache orientiert sprechen, Sprechbeiträge (Interview) situationsangemessen planen; Wörter sammeln: Placemat nutzen; Gespräche führen: die Bedeutung elektronischer Kommunikationsformen reflektieren – gemeinsam Anliegen diskutieren	sprachliche Mittel sammeln: Formulierungen (Interview-Fragen); Texte planen: Adressatenbezug klären; Texte präsentieren: Texte (Interview-Ergebnisse) für die Veröffentlichung aufbereiten (Balkendiagramm)	sprachliche Begriffe/Strukturen kennen und anwenden: Zeitstufen (Präteritum) des Verbs schreiben – wörtliche Rede und vorangestellten (Rede-)Begleitsatz kennenlernen; an Wörtern/Texten arbeiten: Möglichkeiten der Wortbildung kennen (Verbendungen) – Wörter sammeln (Wortfeld sagen)	rechtschriftliche Kenntnisse anwenden: Wörter mit s und ß schreiben; Rechtschreibstrategien anwenden: Weiterschwingen – Merken; Rechtschreibhilfen verwenden: mit der Wörterliste arbeiten (Wörter mit i)
Abenteuerlust und Heldentat	zu anderen sprechen: erzählen – Inhalte mit Fachbegriffen beschreiben (Merkmale von Märchen kennenlernen); Arbeitstechnik kennenlernen); Brainstorming nutzen; Gespräche führen: eigene Ideen einbringen und die Beiträge anderer aufgreifen (sich in Reihum-Märchen erzählen)	Texte planen: Stichwörter sammeln, mit verschiedenen Methoden planen (roter Faden); Texte schreiben: nach Anregungen eigene Texte schreiben (Nacherzählung); Texte überarbeiten: Texte auf Verständlichkeit und Wirkung überprüfen; Arbeitstechniken nutzen: Texte auf ihre Richtigkeit überprüfen (Textlupen)	sprachliche Begriffe/Strukturen kennen und anwenden: Satzglieder kennen – Satzglieder kennenlernen (Prädikat) – wörtliche Rede, vorangestellten (Rede-)Begleitsatz kennen; an Sätzen arbeiten: sprachliche Operationen nutzen (umstellen); Wörter sammeln (Adjektive im Redebegleitsatz)	rechtschriftliche Kenntnisse anwenden: unregelmäßige Verben im Präteritum schreiben; Rechtschreibstrategien anwenden: Weiterschwingen – Merken; rechtschreibwichtige Wörter kennen: Wörter mit ai schreiben
Dickhäuter und Plagegeister	zu anderen sprechen: informieren, Inhalte mir Fachbegriffen beschreiben (Recherche mit elektronischen Medien im Internet, Informationen zu Tieren) – Sachverhalte durch Medien gestützt zusammentragen	Texte planen: Verwendungszusammenhänge (Markieren) klären, Informationen zu Oberbegriffen sammeln – Schreibsituation und Adressatenbezug klären, Texte mit verschiedenen Methoden planen; Texte schreiben: Text (Steckbrief) schreiben; Texte präsentieren: Texte mit Schrift gestalten (ein Plakat erstellen), gestalterische Mittel sammeln – Lernergebnisse geordnet festhalten (Spickzettel); über Schreibfertigkeiten verfügen: den PC für die Textgestaltung nutzen; funktionsangemessen sprechen: informieren	sprachliche Begriffe/Strukturen kennen und anwenden: Satzglieder (Prädikat) kennen – Satzglieder (Objekt/Zeitangabe) kennen; an Sätzen arbeiten: sprachliche Operationen nutzen (umstellen – ergänzen)	rechtschriftliche Kenntnisse anwenden: Silbentrennung am Zeilenende beachten; Rechtschreibstrategien anwenden: Ableiten – Merken; Rechtschreibhilfen verwenden: mit der Wörterliste arbeiten (Fremdwörter)
Tagträume und Zeitreisen	zu anderen sprechen: erzählen, sprachliche Mittel verwenden (Wortschatz) – nach Anregungen (Bilder, Stichwörter) eine Geschichte erzählen; an Wörtern arbeiten: Wörter ordnen (Stichwörter, roter Faden)	Texte planen: Schreibideen entwickeln/sammeln (Ideenblitze) – mit dem Schreibplan arbeiten; Texte schreiben: nach Anregungen (Bild) ein Bild beschreiben (deuten)/eigene Texte (Geschichte) schreiben; Texte überarbeiten: Texte in Bezug auf die äußere Gestaltung überarbeiten (Zeitform), über die Wirkung der Textentwürfe beraten	sprachliche Begriffe/Strukturen kennen und anwenden: Präteritum, Perfekt kennen – Präteritum, Perfekt (Hilfsverben haben, sein) kennenlernen – Präsens, Präteritum, Perfekt schreiben – Wortarten (Nomen, Adjektive, Artikel, Verben) wiederholen – zusammengesetzte Nomen (N/N, N/V, N/V/A) kennen; an Wörtern/Sätzen arbeiten: Zeitstufen des Verbs, Erzähl- und Schreibzeit unterscheiden – Möglichkeiten der Wortbildung kennen (Zeitstufen)	rechtschriftliche Kenntnisse anwenden: zusammengesetzte Nomen mit Aus- und Inlautverhärtung schreiben – Nomen mit ä und Doppelvokal schreiben; Rechtschreibstrategien anwenden: Weiterschwingen – Ableiten, Merken
Im Herbst		Texte schreiben: sprachliche Mittel verwenden (verschiedene Satzanfänge), nach Anregungen Texte schreiben (Bastelanleitung), strukturiert schreiben (Anleitung)	Gemeinsamkeiten und Unterschiede von Sprachen entdecken; an Wörtern arbeiten: mit Sprache experimentell und spielerisch umgehen	
Im Winter	über Leseerfahrungen verfügen: ein Gedicht kennenlernen		sprachliche Strukturen kennen und anwenden: Präpositionen schreiben	
Im Frühling	zu anderen sprechen: erzählen, nach Anregungen (Bilder) eine Geschichte erzählen – sprecherische Mittel gezielt verwenden (Intonation, Körpersprache); an Wörtern arbeiten: Wörter ordnen (Stichwörter, roter Faden); szenisch spielen: sich in eine Rolle hineinversetzen und sie gestalten			
Im Sommer		Texte planen: sprachliche und gestalterische Mittel und Ideen sammeln; Texte schreiben: nach Mustern schreiben (Rondell); Arbeitstechnik kennen: Brainstorming nutzen	sprachliche Strukturen kennen und anwenden: zusammengesetzte Adjektive schreiben; Möglichkeiten der Wortbildung kennen und nutzen (zusammengesetzte Adjektive)	